PEOPLE   PASSION   STORIES

OLYMPIC STADIUMS

STADES OLYMPIQUES

DES HOMMES   DES PASSIONS   DES HISTOIRES

Beijing 2008

PEOPLE PASSION STORIES

OLYMPIC STADIUMS

STADES OLYMPIQUES

DES HOMMES DES PASSIONS DES HISTOIRES

International Olympic Committee
in association with D Giles Limited, London

HERITAGE

ART & DESIGN OF THE OLYMPIC GAMES

GILES

Seoul 1988

Stadiums: People, Passion, Stories

© 2016 International Olympic
Committee
First published jointly in 2016 by GILES
An imprint of D Giles Limited
4 Crescent Stables,
139 Upper Richmond Road,
London SW15 2TN, UK
www.gilesltd.com

ISBN: 978-1-907804-95-3

**For the International Olympic
Committee:**
Curated and edited at the Olympic
Foundation for Culture and Heritage

For D Giles Limited:
Copy-edited and proofread by
Sarah Kane
Art direction by Alfonso Iacurci
Design by Sandra Buholzer
Produced by GILES, an imprint of
D Giles Limited, London
Printed and bound in Bosnia and
Herzegovina

Front cover: London 2012
Back cover: Beijing's national stadium
(in 2015)

**Stades: des hommes, des passions,
des histoires**

© 2016 Comité International
Olympique
Première publication en 2016 par GILES
Édité chez D Giles Limited
4 Crescent Stables,
139 Upper Richmond Road,
Londres SW15 2TN, Grande Bretagne
www.gilesltd.com

ISBN : 978-1-907804-95-3

**Pour le Comité International
Olympique:**
Contenu dirigé et révisé par la
Fondation Olympique pour la Culture
et le Patrimoine

Pour D Giles Limited:
Relecture et révision par Sarah Kane
Élaboré par Alfonso Iacurci
Conçu par Sandra Buholzer
Produit par GILES, édité chez
D Giles Limited, Londres
Imprimé et relié à Bosnie-Herzégovine

Couverture : Londres 2012
Quatrième de couverture : Le stade
national de Beijing (en 2015)

Mexico 1968

OLYMPIC STADIUMS
STADES OLYMPIQUES

Athens 1896

Paris 1924

Paris 1900

Amsterdam 1928

St Louis 1904

Los Angeles 1932

London 1908

Berlin 1936

Stockholm 1912

London 1948

Anvers 1920

Helsinki 1952

bourne 1956

ne 1960

yo 1964

xico 1968

nich 1972

Montreal 1976

Moscow 1980

Los Angeles 1984

Seoul 1988

Barcelona 1992

Atlanta 1996

Sydney 2000

Athens 2004

Bejing 2008

London 2012

Rio 2016

FOREWORD

Thomas Bach, President of the International Olympic Committee

In August 2016, the world came together in Rio de Janeiro for the very first Olympic Games in South America. The Cariocas and the Brazilian people opened their hearts to the world, sharing their joy of life and passion for sport. The Olympic Games Rio de Janeiro 2016 saw great moments of sporting excellence and emotions thanks to the athletes from all National Olympic Committees. The athletes were on a world stage to showcase their skills in some amazing sports facilities and stadiums, like the legendary Maracanã Stadium, which is part of the heritage of international sporting history.

Like the athletes with their unforgettable moments, the stadiums where their athletic achievements took place have engraved themselves on our collective memory. They are no longer just landmarks in a city but have become historic places, real works of art that one can visit, and are instantly recognisable. Montjuïc in Barcelona, the Coliseum in Los Angeles, the Bird's Nest in Beijing and, of course, the Maracanã, are known the world over, both to sports fans and the general public.

However, a sports stadium today has to meet expectations other than simply being attractive and functional. This is especially true for an Olympic stadium. At the centre of the work of designers, architects and engineers has to be the athletes – and the guarantee that they will enjoy the best conditions when it comes to their moment of sporting competition. The stadium also has to fulfil all the criteria for sustainable development. Its design and construction have to be based on the latest environmental standards. Furthermore, it has to be part of an urban development plan which integrates the stadium into an overall concept that will benefit the community, region, host country and city.

This long-term vision was addressed by Olympic Agenda 2020, the strategic plan for the future of the Olympic Movement. With Olympic Agenda 2020, we want the Olympic Games to have a stronger focus on sustainability and legacy by making it easier for host cities to tailor the Games to meet their long-term needs. The sports stadiums and other sports facilities play a part in this vision of how the Olympic Games will fit into the long-term plan of a city or region.

In the spirit of the Olympic Games, sports stadiums should combine culture, art and sport. Designing a new stadium is also a unique opportunity to create a highly symbolic building that will reflect the history of the city and the country, as well as the universal values of sport. It must be both a place for sport and a meeting place for the diversity of modern life.

This is precisely the focus of this magazine: hearing from the people who have dreamed of, designed, created and used such stadiums. Through its storytelling and the powerful use of words and pictures, the magazine conveys the idea that, in addition to the architectural story, a stadium also tells the story of passions and dreams. It is those dreams that make the Olympic Games a uniquely spectacular stage on which to showcase the best of humankind.

AVANT-PROPOS

Thomas Bach, président du Comité International Olympique

En août 2016, la planète avait rendez-vous à Rio de Janeiro pour les tout premiers Jeux Olympiques organisés sur le continent sud-américain. Cariocas et Brésiliens ont accueilli chaleureusement le monde entier, partageant leur joie de vivre et leur passion du sport. Lors des Jeux Olympiques de Rio 2016, les athlètes de tous les Comités Nationaux Olympiques nous ont fait vivre d'incroyables moments d'excellence et d'émotions sportives. Ils ont pu montrer au monde toute l'étendue de leur talent dans des installations sportives et des stades d'exception, comme le très célèbre stade Maracanã, qui fait aujourd'hui partie de l'histoire du sport international.

À l'instar des athlètes et de leurs exploits mémorables, les stades qui accueillent ces prouesses sportives sont ancrés à jamais dans notre mémoire collective. Ces stades ne sont plus de simples points de repère dans le paysage urbain; ils sont devenus des monuments historiques à part entière, de véritables œuvres d'art qui se visitent et sont immédiatement reconnaissables. Le site de Montjuïc à Barcelone, le Coliseum à Los Angeles, le Nid d'oiseau à Beijing et, bien sûr, le Maracanã, sont connus dans le monde entier, aussi bien des amateurs de sport que du grand public.

Cependant, les stades modernes – et les stades olympiques en particulier – ne doivent plus seulement remplir des critères esthétiques et fonctionnels. Le travail des maîtres d'œuvre, architectes et ingénieurs, doit être centré sur les athlètes afin de leur garantir les meilleures conditions de compétition possibles. Le stade se doit, non seulement de respecter tous les critères de développement durable en intégrant les dernières normes environnementales dans sa conception et sa construction, mais également de faire partie d'un plan d'urbanisme global, qui profitera aux habitants, à la région, ainsi qu'au pays et à la ville hôtes.

Cette vision à long terme est définie dans l'Agenda olympique 2020, la feuille de route stratégique pour l'avenir du Mouvement olympique. L'objectif est de privilégier la durabilité et l'héritage des Jeux en permettant aux villes hôtes de les adapter à leurs besoins à long terme. Les modalités d'intégration des Jeux Olympiques au plan à longue échéance d'une ville ou d'une région reposent en partie sur les stades et autres installations sportives.

Conformément à l'esprit des Jeux Olympiques, les stades doivent allier culture, art et sport. La conception d'un nouveau stade est en outre une occasion unique de bâtir un édifice hautement symbolique, qui incarne l'histoire de la ville et du pays, ainsi que les valeurs universelles du sport. Le stade doit être un lieu de sport et de rencontre ouvert à la diversité du monde actuel.

Tel est l'objectif de cette publication : donner la parole à quelques-uns des protagonistes qui ont imaginé, conçu, créé et utilisé ces stades. La place accordée aux témoignages ainsi que la force des mots et des images choisis dans cette publication nous apprennent qu'au-delà de son architecture, le stade incarne également des rêves et des passions. Les Jeux Olympiques constituent ainsi un cadre unique et grandiose, qui donne à voir le meilleur de l'humanité.

Mamadou Soumaré
(MLI, swimming)
Oh yes, all the colours...
It was great. Super
colours, and the screams
and applause and people
who were banging
drums...
It was so good.

Mamadou Soumaré
(MLI, natation)
Oh oui, toutes les
couleurs... c'était
super. Super couleurs,
et des cris et des
applaudissements et
des gens qui tapaient
des tam-tams. C'était
tellement bien.

Gilberto Godoy (Giba)
(BRA, volleyball)
I get goose bumps
just remembering that
moment. You go in and
you see all those lights
around you. And you go
'oh my god, I am here. I
have arrived'. So it really
is something that takes
your breath away, you
feel like crying and you
don't even know why.

Gilberto Godoy (Giba)
(BRA, volleyball)
J'en ai la chair de poule
rien que d'y repenser.
Quand je suis entré, j'ai
vu toutes ces lumières
autour de moi. « Mon
Dieu, je me suis dit, ça
y est, j'y suis. » C'est
un moment à couper le
souffle, on a envie de
pleurer sans trop savoir
pourquoi.

ATHLETES ON STADIUMS LES ATHLÈTES DANS LES ST

CEREMONIES CÉRÉMONIES CEREM

THLÈTES DANS LES STADES ATHLETES ON STADIUMS

MONIES CÉRÉMONIES CEREMONIES

London 2012

Pavlos Kontides
(CYP, sailing)
Just the vibe you get entering the stadium and watching all these people. 90,000–100,000 people cheering for you, it's absolutely amazing because usually you're alone, you train alone in the water, you spend a lot of hours in the gym and it's a lonely road. And to have so many people around you to cheer for you, it feels really special. And in London, I had the chance to be at the ceremony, so that's why I'm able to understand the vibe you get from the people and I was really happy and amazed. It gives you energy, it gives you passion and motivation, and that's why you are able to push harder and beyond your limits to be able to come back for the next Games.

Pavlos Kontides
(CYP, voile)
Vous n'imaginez même pas l'émotion qu'on ressent quand on entre dans le stade et qu'on regarde tous ces gens. Ils sont entre 90 000 et 100 000 à vous acclamer. C'est absolument incroyable. En temps normal, on est seul. On s'entraîne seul dans l'eau, on passe beaucoup de temps au gymnase. C'est une activité solitaire. Avoir autant de gens autour de soi, les voir vous acclamer, c'est indescriptible. À Londres, j'ai eu la chance de participer à la cérémonie. J'ai donc pu ressentir les ondes positives envoyées par les spectateurs. J'étais vraiment heureux, un peu étonné aussi : cette atmosphère vous donne de l'énergie, elle vous stimule et vous motive, elle vous aide à aller toujours plus loin et à repousser vos limites pour participer aux prochains Jeux.

Erica Lawler
(USA, ice hockey)
It was kind of surreal, I couldn't believe it was actually happening. You just walk in there and you see all those people and you see all the volunteers, all the people who train to be a part of the show, they're all dancing and they're all excited and there's all the music. There are loads of bells ringing, the crowds are going crazy and there are just lights, lights everywhere, and you feel like you're on top of the world in that moment. It's amazing, it's humbling, it's so exciting, it's every emotion you can even think of, it's a very unique experience and I don't know if I'll ever feel that again.

Erica Lawler
(USA, hockey sur glace)
C'était surréaliste. Je n'arrivais pas à y croire... On entre et on voit tous ces gens, tous ces volontaires, tous ceux qui s'entraînent pour participer à ce spectacle. Ils dansent, portés par l'enthousiasme. Et il y a de la musique. Des bruits retentissent de toutes parts, la foule est en délire, la lumière inonde le stade. À ce moment-là, on se sent tout-puissant et tout-petit à la fois, on est envahi par toutes les émotions possibles. C'est une expérience unique que je ne pense pas revivre un jour.

TADES ATHLETES ON STADIUMS LES ATHLÈTES DANS LES STADES

ATHLETES ON STADIUMS LES ATHLÈTES DANS LES STADES ATHLETES

CEREMONIES CÉRÉMONIES CEREMON

Sochi 2014

ES ATHLÈTES DANS LES STADES ATHLETES ON STADIUMS LES

London 2012

Femke Dekker
(NED, rowing)
I remember that walking in the stadium I got goose bumps. I was walking and I was like oh my god, now I believe athletes – they have all these people around them cheering, and in rowing it's so different because you start and only at the end you have spectators standing there cheering for you.

Femke Dekker
(NED, aviron)
Je me souviens avoir eu la chair de poule en marchant dans le stade. J'ai compris alors ce que ressentaient les athlètes, sous les applaudissements en permanence, entourés de tous ces gens. En aviron, c'est totalement différent : ce n'est qu'à la fin que les spectateurs nous acclament.

ATHLÈTES DANS LES STADES ATHLETES ON STADIUMS LES ATHLÈTES

CÉRÉMONIES CEREMONIES CÉRÉMONIE

19

HISTORY
HISTOIRE

THE ORIGINS:
A HISTORICAL
OVERVIEW

APERÇU HISTORIQUE
SUR LES ORIGINES
DES STADES

GERAINT JOHN & DAVE PARKER

The archaeological site of Olympia,
the stadium
—
Le site archéologique d'Olympie,
le stade

LES ORIGINES GRECQUES

Dans l'Antiquité, le terme « stade » désigne la distance parcourue dans le stade d'Olympie. C'est une unité de longueur grecque équivalente à 192,25 m (soit 600 pieds grecs). La piste est rectangulaire.

La Grèce antique compte de nombreux stades, notamment à Athènes, Délos, Delphes et Épidaure, mais le plus important – qui l'est encore de nos jours – est érigé à Olympie. La piste y est délimitée par des talus, où peuvent se tenir 20 000 spectateurs, puis entre 45 000 et 50 000, selon les informations disponibles. Elle est en terre, hormis en début de piste, où se trouvent des starting-blocks en marbre. Une tribune d'une capacité de 160 places assises accueille les spectateurs de marque, les invités d'honneur et les juges.

La prééminence d'Olympie repose sur l'emplacement du stade, incorporé dans un complexe d'installations sportives, dont un gymnase, une palestre (école de lutte), un hippodrome (piste dédiée aux courses de chevaux et de chars) et des bains. Ces installations sont érigées tout autour de l'Altis, un bois sacré, au cœur duquel s'élève un temple abritant la statue chryséléphantine de Zeus aux proportions monumentales, l'une des sept merveilles du monde antique.

GREEK ORIGINS

The very word 'stadium' derives from the distance run in the stadium at Olympia. The *stadion* was a Greek unit of length equal to 600 Greek feet (192.25m).

There were many stadiums in ancient Greece, including those at Delos, Delphi, Epidaurus and Athens, but the most important was at Olympia: it still exists to this day. The track there was encompassed by earth embankments, which could hold 20,000 standing spectators: it was later reported to hold 45,000 to 50,000. The surface of the track was natural soil, except at the start, where marble starting blocks were provided. There was a grandstand with 160 seats reserved for privileged spectators, guests of honour and the judges.

Olympia's pre-eminence lay in the location of the stadium in a complex containing a gymnasium, a palaestra (wrestling school) and a hippodrome (a track for horse and chariot racing), plus baths, all centred around the Altis, a sacred grove. There was a temple housing the gigantic ivory and gold statue of Zeus, one of the wonders of the ancient world.

ROMAN ARENAS

It is generally agreed that the Olympic Games proper began in 776 BC. After the fall of the Greek Empire in 148 BC, Rome became the controlling force. Though there were no Olympic Games in the Roman era, in considering the history of stadiums we must consider what was achieved by the great arenas of the period. The word 'arena' has a number of interpretations for spectator facilities. It originates in the Latin word for sand, which was the surface used in the central space. Sand was a multipurpose material, easily raked yet capable of absorbing the blood that flowed freely from animal and human bodies alike.

Throughout the Roman *Empire*, *arenas* or amphitheatres were built for the entertainment of the populace, at Pula, Verona and many other locations. They were the heart of social and political life. Of these, the greatest was the Colosseum in Rome. This was a gigantic achievement in engineering and architecture. It was a freestanding structure, oval in shape, measuring 189m by 156m, with a façade of Travertine marble. The arena proper is an oval 87.5m by 54.8m, surrounded by a wall 4.6m high.

Built between AD 70 and AD 80, the Colosseum had 45,000 seats and 5,000 standing places. Some sources put the capacity at 80,000 spectators. Studies also suggest that a suspended retractable awning or 'velarium' was used to shade the spectators from the sun. This remarkable building offered flexibility in use. The basement accommodated several thousand gladiators and cages for wild animals, with lifts to bring them to the surface of the arena. A complex series of pipes even allowed the arena to be flooded so that mock naval battles could be fought.

The Colosseum had 80 entrances. When, as part of a recent television documentary, tests were carried out to compare its exit times to those of a modern stadium (Beijing 2008's Bird's Nest), the Colosseum came out better. Almost certainly the greatest entertainment centre the world had ever seen, nothing comparable was built for more than a millennium.

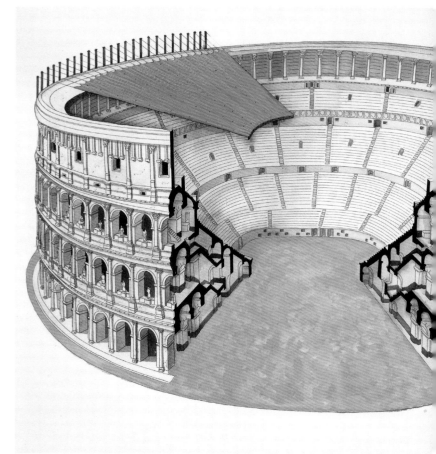

LES ARÈNES ROMAINES

Les historiens s'accordent à dire que les premiers vrais Jeux Olympiques se sont déroulés en 776 av. J.-C. Après la chute de l'Empire grec en 148 av. J.-C., l'hégémonie romaine s'impose. Les Romains n'organisent pas de Jeux, mais, dans le cadre de l'étude des stades à travers le temps, il convient de prendre en considération la contribution des grandes arènes de cette époque. Désignant diverses installations pour spectateurs, le terme « arène » est dérivé du mot latin désignant le sable, matériau qui recouvre la surface centrale de ce type d'édifice. Se prêtant à de multiples utilisations, le sable peut être facilement ratissé et a l'avantage d'absorber le sang animal ou humain qui coule à flots.

Des arènes ou des amphithéâtres sont érigés tout au long de l'Empire romain dans de nombreuses villes, notamment à Pula et à Vérone. Destinés à divertir le peuple, ils sont l'épicentre de la vie sociale et politique. Le Colisée de Rome est le plus majestueux. Prouesse technique et architecturale, cette structure indépendante, de forme elliptique et ornée d'une façade en marbre de travertin, mesure 189 m de long et 156 m de large. Cernée d'un mur de 4,6 m de haut, l'arène à proprement parler, de forme elliptique, mesure 87,5 m sur 54,8 m.

Érigé entre 70 et 80 apr. J.-C., le Colisée compte 45 000 places assises et 5 000 debout. D'après certaines sources, il peut accueillir 80 000 spectateurs. À en croire certaines études, un auvent rétractable, appelé velarium, est également suspendu au-dessus de l'arène pour protéger le public du soleil.

Cet édifice impressionnant se prête à divers usages. L'hypogée peut accueillir plusieurs milliers de gladiateurs et d'animaux sauvages en cage, dont l'accès à l'arène se fait par un dispositif de levage. Un système complexe de tuyauterie permet même d'inonder l'arène pour la mise en scène de batailles navales.

Le Colisée compte 80 entrées. Pour les besoins d'un documentaire diffusé récemment à la télévision, des tests sont réalisés pour comparer le temps d'évacuation entre le Colisée et le stade de Beijing 2008, le Nid d'oiseau. Le Colisée a obtenu de meilleurs temps, de quelques secondes.

Cet édifice est probablement le plus grand centre de divertissement que le monde n'ait jamais connu, aucune construction ne l'ayant égalé pendant plus d'un millénaire.

Reconstruction of the Colosseum in Rome, built between AD 70 and AD 80

—

Reconstitution du Colisée de Rome, construit entre 70 et 80 apr. J-C.

THE ARENAS OF
THE MIDDLE AGES

In the Middle Ages, horse racing and other competitions often took place in city centres. The Italian city of Siena is a famous example, where horses still race twice a year in the Piazza del Campo, watched by spectators in temporary seating.

Probably the first movement towards the stadiums of today were the bullrings of Spain. Occasionally, as at Nîmes, an existing Roman arena was adapted. Even new bullrings, however, also usually showed strong Roman influences, with oval or circular arenas surfaced in sand, for the same reason that the Romans used it.

This impetus came from the change from fighting bulls on horseback, which usually took place in the city centre, to the classic matador on foot. The first of the new wave of structures is thought to be La Maestranza in Seville, where construction began in 1730. Originally, the arena was rectangular; later, it was converted to the classic circular or oval format.

LES ARÈNES
DU MOYEN-ÂGE

Au Moyen-Âge, les centres-villes sont souvent le théâtre de courses hippiques, entre autres tournois. Citons, parmi les exemples les plus marquants, la ville italienne de Sienne, où une course de chevaux continue d'être organisée deux fois par an sur la *Piazza del Campo*, devant des spectateurs installés sur des gradins démontables.

Les arènes érigées en Espagne pour les corridas sont probablement les précurseurs des stades modernes. Certaines arènes, comme celles de Nîmes, ont été adaptées à partir d'amphithéâtres romains existants. À noter toutefois que même les arènes modernes affichent de fortes influences romaines, avec en leur centre une surface ovale ou circulaire sablée, pour la même raison que les Romains s'en servaient.

L'évolution de la corrida est à l'origine de ce phénomène : auparavant pratiquée à cheval, et organisée en centre-ville, elle est progressivement remplacée par la tauromachie classique à pied. La nouvelle génération de structures aurait vu le jour avec les arènes de La Maestranza, à Séville, dont la construction a débuté en 1730. Elles ont d'abord suivi un tracé rectangulaire, avant l'adoption de la forme circulaire ou ovale actuelle.

Siena, Piazza del Campo
—
Sienne, Piazza del Campo

The modern stadium is one of the by-products of the Industrial Revolution during Victorian times (19th century). Society was undergoing huge changes.

Le stade moderne apparaît à l'époque victorienne (19e siècle), dans le sillage de la révolution industrielle, alors que la société connaît de profonds changements.

THE EMERGENCE OF THE MODERN STADIUM

One of the by-products of the Industrial Revolution during Victorian times (19th century) was the beginning of the modern stadium. Society was undergoing huge changes.

Cities were growing exponentially as former agricultural workers moved in from the countryside seeking better-paid jobs.

Conditions in the new factories were onerous to say the least, creating an appetite for new leisure outlets. Watching sport became a favourite pastime. The railways and other forms of mass transport made it possible for large numbers of spectators to attend sporting events.

New technologies and manufacturing techniques stimulated the creation of new types of structures, based on iron and steel rather than wood and stone. Stadiums as well as bridges took advantage of these new opportunities. At the same time, sporting associations began to draw up standardised rules and regulations.

This was also the period when the modern Olympic Movement was born.

L'ÉMERGENCE DU STADE MODERNE

Le stade moderne apparaît à l'époque victorienne (19e siècle), dans le sillage de la révolution industrielle, alors que la société connaît de profonds changements. La migration des campagnes vers les villes d'anciens travailleurs agricoles, à la recherche d'emplois mieux rémunérés, entraîne une croissance urbaine exponentielle.

Les conditions de travail dans les nouvelles usines, pour le moins pénibles, créent de nouveaux besoins de distraction. Assister à des événements sportifs est devenu l'un des loisirs les plus populaires, le train, entre autres moyens de transport en commun, permettant aux spectateurs de se déplacer en masse pour s'adonner à ce passe-temps.

De nouvelles technologies et techniques de fabrication permettent la création de nouveaux types de structures, où la pierre et le bois sont remplacés par le fer et l'acier. Les stades, à l'image des ponts, profitent de ces innovations. Parallèlement, les associations sportives commencent à établir des règles et des statuts communs.

C'est également à cette époque que naît le Mouvement olympique moderne.

OLYMPIC STADIUMS MILESTONES

LES STADES OLYMPIQUES QUI ONT MARQUÉ L'HISTOIRE

GERAINT JOHN & DAVE PARKER

Of the 28 Olympic stadiums of the modern era, there are some that stand out as important milestones, for differing reasons.

ATHENS 1896

Architects (renovation): Ernst Ziller and Anastasios Metaxas

During its first Congress in 1894, the International Olympic Committee (IOC) unanimously selected Athens as the first host city of the modern Games. At the centre of the Games was the Panathenaic Stadium, a reconstruction of an ancient Greek athletics stadium that had once provided seating for 50,000 spectators on the site.

Built entirely of marble, the reconstructed stadium followed the ancient model, with a U-shaped running track just 333m long. Its original capacity was 80,000 spectators, with none of the seats covered.

The 1896 Games were judged to be a great success. Such was their popularity that the largest ever crowd to watch a sporting event squeezed into the stadium. Afterwards the IOC was petitioned by several influential figures, including the Greek king, to hold all subsequent Olympic Games in Athens. However, the IOC had already decided that the next Games would be in Paris.

There have been many celebratory events over the decades; in 2004, when the Games returned to Athens, the Panathenaic Stadium was still available, and hosted the archery competition and the finish of the marathon.

L'ère moderne a vu la construction de 28 stades olympiques, mais certains se démarquent.

ATHÈNES 1896

Architectes (rénovation): Ernst Ziller et Anastasios Metaxas

Lors de son premier Congrès en 1894, le Comité International Olympique (CIO) désigne à l'unanimité Athènes comme première ville hôte des Jeux Olympiques de l'ère moderne. Le Stade panathénaïque, stade d'athlétisme datant de la Grèce antique qui comptait alors 50 000 places assises, est reconstruit pour cette occasion.

La structure rénovée, toute de marbre, respecte le plan du stade antique, avec une piste d'athlétisme longue de 333 m en forme de U. Elle accueille 80 000 spectateurs, mais ne propose pas de places couvertes.

Les Jeux de 1896 connaissent un vif succès. Leur popularité est sans précédent ! En effet, aucune manifestation sportive n'a attiré autant de monde dans le stade. Après les Jeux, plusieurs personnalités influentes, dont le roi des Grecs, demandent au CIO d'organiser la prochaine édition des Jeux à Athènes, mais celui-ci a déjà choisi Paris.

Le Stade panathénaïque sert d'écrin à de nombreux événements au fil des décennies. Lorsque les Jeux reviennent à Athènes en 2004, il accueille les épreuves de tir à l'arc et l'arrivée du marathon.

LONDON 1908

Architects: James Black Fulton and J. J. Webster

After Athens, the Olympic Games took place in Paris in 1900 and St Louis in 1904. In both cases the stadiums already existed, and the Games themselves were just one part of the World's Fairs of those years.

1908, however, saw another milestone in Olympic history.

The 1908 Games were originally scheduled to take place in Rome, but had to be relocated following a major eruption of Mount Vesuvius in 1906 that devastated much of Naples. Funds intended for the Olympic Games were diverted to the reconstruction of the city.

London had been one of the three unsuccessful bidders for the Games, and was already preparing the site for the Franco-British Exhibition. It took on the extra burden of the Olympic Games, and commissioned a purpose-built stadium at one side of the exhibition grounds.

Completed in just ten months, the new facility had a seating capacity of 68,000 and was initially dubbed the 'Great Stadium'. Later it became better known as the White City Stadium. Uniquely, it featured a cycle track outside the running track and a swimming and diving pool inside it.

A simple rectangular steel-framed grandstand design was adopted. Overall dimensions were 305m by 181m. As there was still no standardisation of running tracks, the designers opted for a 'three laps to the mile' layout, i.e. a 536m lap.

Many uses were found for the White City Stadium after 1908. Greyhound racing was extremely popular, with audiences in excess of 90,000 for premier events. Athletics flourished once a 400m track was installed. Many major boxing events were held, and professional football arrived in 1931. After nearly 80 years of successful use the stadium was demolished in 1985.

Architectes: James Black Fulton et J. J. Webster

Après Athènes, les Jeux Olympiques se déroulent à Paris en 1900, puis à Saint-Louis en 1904. Des stades existent déjà à Paris comme à Saint-Louis, et les Jeux sont associés aux Expositions universelles de ces années.

En revanche, 1908 marque une année importante dans l'histoire olympique.

Initialement prévus à Rome en 1908, les Jeux doivent être déplacés à la suite de l'éruption du Vésuve causant des dégâts considérables à Naples. Les fonds que l'Italie comptait allouer aux Jeux vont servir à financer la reconstruction de la ville.

Figurant parmi les trois candidats n'ayant pas été retenus, Londres préparait déjà le site qui devait accueillir l'Exposition franco-britannique. La ville accepte d'organiser en sus les Jeux Olympiques, et fait bâtir un stade dans l'enceinte de l'exposition spécialement pour l'occasion.

Construite en tout juste dix mois, et comptant 68 000 places assises, la nouvelle installation est d'abord surnommée le *Great Stadium*, avant de devenir le *White City Stadium*. Il présente deux spécificités : une piste cycliste autour de la piste d'athlétisme et une piscine équipée d'un plongeoir en son centre.

Arborant une simple tribune rectangulaire en acier, le stade mesure 305 m de long et 181 m de large. Comme les pistes d'athlétisme ne sont pas encore normalisées, les concepteurs optent pour une longueur de 536 mètres (soit 1/3 de mile).

Le stade de White City se prête à de multiples utilisations après 1908. Les courses de lévriers y sont extrêmement populaires, rassemblant plus de 90 000 spectateurs pour les plus grands événements. Des épreuves d'athlétisme sont aussi régulièrement organisées après l'installation d'une piste de 400 m. Le stade accueille également de nombreux tournois majeurs de boxe, tandis que le football professionnel y fait son apparition en 1931. Le stade est démoli en 1985, après 80 années d'exploitation.

Athens 1896: General view of the Panathenaic stadium
—
Athènes 1896: Vue générale du Stade panathénaïque

London 1908: Aerial view of the Olympic Stadium
—
Londres 1908: Vue aérienne du stade olympique

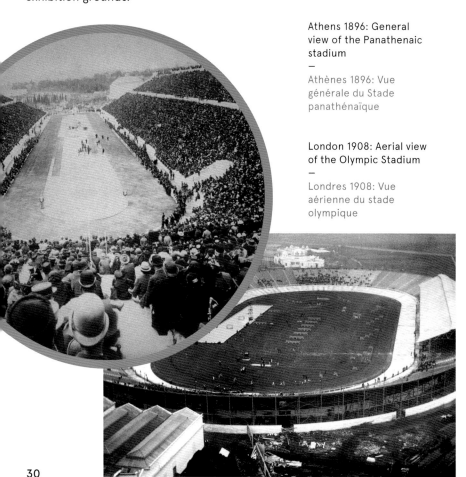

BERLIN 1936

Architect: Werner March

When Berlin was elected as host city for the 1936 Olympic Games the Weimar Republic was still in power in Germany.

Once the Nazis took over and instituted blatant anti-Semitic and racist policies, the IOC had second thoughts, but eventually accepted assurances that Jewish athletes would be allowed to compete as members of the German team.

To glorify the Nazi regime a magnificent Olympic park was constructed, with at its heart the neoclassical stadium, its architecture part of the Nazi vision for the new Germany. It was built on the foundations of the stadium originally intended to host the 1916 Olympic Games, which for obvious reasons never took place.

Only native German materials were allowed on the project. The traditionally designed cornice was 16m above ground level, supported by closely spaced piers. At its western end the stadium was open, to create the gate through which the marathon runners would enter. There was a stone there as well, flanked by broad steps, on which the Olympic flame would burn.

Total capacity was around 110,000 spectators, of which 35,000 would be standing. The 71 rows of grandstand seats stepped downwards in a gentle parabolic curve from the top, until they met the 400m red cinder running track.

After the defeat of the Nazis, the stadium eventually found many uses, hosting sporting events and concerts alike. In 2004 it underwent a major renovation, acquiring a translucent roof over the spectator areas. It continues to be the home of Herta football team.

Berlin 1936: Opening ceremony - The Olympic Stadium
—
Berlin 1936: Cérémonie d'ouverture - Le stade olympique

BERLIN 1936

Architecte: Werner March

Quand Berlin emporte l'élection en 1936, face à la candidature de Barcelone, la République de Weimar est encore en place en Allemagne.

Face à l'arrivée au pouvoir du parti nazi et à l'adoption de politiques racistes et antisémites, le CIO s'interroge sans pour autant revenir sur sa décision, le régime nazi lui ayant assuré que les athlètes juifs seraient autorisés à concourir pour l'Allemagne.

Un superbe parc olympique est érigé à la gloire du régime. Il abrite un stade de style néo-classique, dont l'architecture s'inscrit dans la vision nazie de la nouvelle Allemagne; il est bâti sur les fondations du stade initialement prévu pour accueillir les Jeux Olympiques de 1916 qui n'ont jamais eu lieu !

Seuls des matériaux allemands sont utilisés. La jupe, de conception traditionnelle, s'élève à 16 m, soutenue par des piliers rapprochés. Côté ouest, le stade est ouvert pour laisser entrer les marathoniens et une vasque de pierre accueille pour la première fois la flamme olympique.

Le stade dispose d'une capacité totale d'environ 110 000 personnes, dont 35 000 places debout. Les 71 rangées de sièges de la tribune plongent en pente douce, depuis le haut du stade jusqu'à la piste d'athlétisme de 400 m rouge en brique pilée.

Après la défaite nazie, le stade accueille des manifestations sportives et des concerts. En 2004, d'importants travaux de rénovation sont réalisés et les gradins recouverts d'un toit transparent. Aujourd'hui encore, c'est dans son enceinte que jouent et s'entraînent les footballeurs du Herta Berlin.

Tokyo 1964: The Olympic
Stadium
—
Tokyo 1964: Le stade
olympique

TOKYO 1964

TOKYO 1964

Architect: Mitsuo Katayama

Architecte: Mitsuo Katayama

Tokyo had originally been chosen as the host of the 1940 Summer Games, but was stripped of the honour when Japan invaded China in 1937. Helsinki then took on the role before the Second World War intervened.

The 1964 Games were notable for several innovations. Floodlighting was installed in an Olympic stadium for the first time, as was a photo-finish system for the sprints. The National Stadium had originally been opened in 1958, when it hosted the Asian Games. With a reported capacity of 48,000 for the Olympic Games, it lay at the centre of a major urban upgrade, with new highways, airports and subway lines. The designs of the ancillary stadiums and facilities were much admired internationally, particularly those developed by the architect Kenzo Tange.

After the Games the National Stadium was extensively used for athletics, soccer and rugby, as well as hosting many concerts. At the time of Tokyo's bid for the 2020 Summer Games, consideration was given to refurbishing or reconstructing it to bring it up to modern standards. In the end, demolition and replacement was seen as the best option, and it was demolished in 2015.

Tokyo est déjà choisie pour accueillir les Jeux Olympiques d'été de 1940, mais, lorsqu'en 1937 le Japon envahit la Chine, la capitale japonaise se voit retirer cet honneur. Leur organisation est confiée à Helsinki avant que n'éclate la Seconde Guerre mondiale.

Plusieurs innovations marquent les Jeux de 1964. Pour la première fois, des projecteurs sont installés dans un stade olympique, et le système de la photofinish mesure le temps des courses de vitesse de façon encore non officielle. Inauguré en 1958, à l'occasion des Jeux asiatiques, le stade national peut accueillir 48 000 spectateurs. Il s'inscrit dans un vaste projet de rénovation urbaine, avec la construction de nouvelles infrastructures (axes routiers, aéroports et lignes de métro). L'architecture des stades et installations annexes, en particulier les prouesses architecturales réalisées par l'architecte japonais Kenzo Tange, sont admirées et largement commentées par la presse internationale.

Après les Jeux, le stade national reçoit de nombreuses compétitions d'athlétisme, de football et de rugby ainsi que de multiples concerts. Dans le cadre de la candidature de Tokyo à l'organisation des Jeux Olympiques d'été de 2020, des travaux de rénovation et de reconstruction ont été envisagés pour le moderniser mais, finalement, il a été décidé de le démolir pour le remplacer. Sa démolition a eu lieu en 2015.

LONDON 2012

Architect: Populous

London was the first city to host the Summer Games for a third time. It was claimed to be the most sustainable Games ever held. Fundamental to the project was the need to provide a meaningful legacy after the Games.

A huge reclamation project transformed a polluted and abandoned industrial site into a 200ha Olympic Park, located in a deprived and rundown area of East London. Within the park, the new Olympic Stadium sat on an 'island', surrounded by many other facilities, some of which were temporary.

For the main stadium the architects, Populous, adopted the theory of 'embracing the temporary'. This explored the form, materials, structure and operational systems, to bring these into a cohesive design, and foresaw the possibility of transformation after the Games. Seating capacity was 80,000. The seating bowl was designed to bring the spectators closer to the central events than at previous Games venues.

The sustainability criteria of 'reduce, reuse and recycle' were used to create a compact, flexible and lightweight design, which sat gently on the ground. A white tubular steel structure supported the translucent fabric roof, while support for the upper spectator tiers came from an internal black steel structure. One major structural design parameter came from the need to carry the heavy temporary loads of the facilities used in the opening and closing ceremonies.

An innovative aspect of the design was the creation of a complete circuit of the spectator podium concourse around the stadium. This concourse, outside the stadium structure, carried the retail and food outlets, and the toilets, in a series of small facilities.

Since the 2012 Games, the stadium has been reconfigured for legacy use. It was stipulated that the running track would be retained. An automatic system of retractable seating endows the stadium with multi-functional capacity. All four sides of the lower seating bowl move outwards over the running track, bringing the spectators closer to the action when soccer, rugby or other sports take place. The roof has been extended to cover all the spectator seats, compared to half of the seating during the Olympic Games. Outside, the park is now a major urban wildlife centre, one of the largest urban parks created in western Europe for more than 150 years.

LONDRES 2012

Architecte: Populous

Londres est la première ville à organiser des Jeux Olympiques d'été pour la troisième fois. Revendiqués comme les plus durables jamais tenus, ces Jeux ont cherché avant tout à léguer un héritage positif.

Dans le cadre d'un vaste projet de réhabilitation de l'Est londonien, une friche industrielle polluée est convertie en parc olympique de 200 hectares, dans un quartier défavorisé et laissé à l'abandon. Le nouveau stade olympique se dresse sur un « îlot » au cœur du parc, entouré de nombreuses autres installations dont certaines temporaires.

Populous, le cabinet d'architecture chargé de la construction du stade principal, privilégie les constructions éphémères, explorant la forme, les matériaux, la structure et les systèmes opérationnels pour concevoir un ensemble cohésif et transformable après les Jeux.

Le stade dispose de 80 000 sièges. La conception de la tribune rapproche les spectateurs du cœur de l'action par rapport aux sites des précédentes éditions des Jeux.

Les principes de « réduction, réutilisation et recyclage », qui sous-tendent tout projet durable, sont appliqués pour créer une

London 2012: View of the Olympic Stadium
—
Londres 2012 : Vue du stade olympique

installation compacte, flexible et légère. Une structure tubulaire en acier blanc soutient le toit en textile translucide, tandis que les gradins supérieurs reposent sur une ossature en acier noir.

La conception de la structure doit notamment tenir compte du transport des éléments provisoires particulièrement lourds, prévus pour les cérémonies d'ouverture et de clôture.

Aspect innovant du projet : la création d'un circuit complet tout autour du stade. Boutiques, points de restauration et toilettes y sont installés dans des équipements de petite taille.

Depuis les Jeux organisés en 2012, le stade a été complètement transformé pour se prêter à d'autres usages. Conformément au projet initial, la piste d'athlétisme est conservée. Grâce à un système automatisé de gradins rétractables, le stade est multifonctionnel : des quatre côtés, la tribune inférieure peut être avancée pour recouvrir la piste d'athlétisme et rapprocher ainsi les spectateurs de l'action lors de matchs de football, de rugby ou d'autres manifestations sportives.

Le toit, qui ne couvrait que la moitié des places pendant les Jeux Olympiques, a été étendu à l'ensemble des gradins. Tout autour, le parc olympique est aujourd'hui un vaste espace vert, l'un des plus grands parcs urbains jamais créés en Europe de l'Ouest au cours de ces 150 dernières années.

London 2012: View of the Olympic Stadium
—
Londres 2012: Vue du stade olympique

ARE STADIUMS A POLITICAL SYMBOL?

UNE SYMBOLIQUE POLITIQUE DES STADES ?

CLAIRE NICOLAS & NICOLAS BANCEL

Berlin 1936: Opening ceremony - The German delegation enters the stadium
—
Berlin 1936: Cérémonie d'ouverture - La délégation allemande entre dans le stade

A demonstration of architectural prowess, the modern stadium is an extraordinary construction in the urban landscape. Visible from afar, and impressive close up, the Olympic stadium is the temple of the sporting spectacle, equipped with the most modern technologies. These 'powerful image machines'[1] are the focal point for disseminating the 'ideal images' of the sports competition and the tough battle for victory.

But besides the sporting spectacle, the stadium is also an urban monument built for an event of limited duration, but the existence of which is long-lasting. The gradual complexification of architectural structures and the race to gigantism and state-of-the-art technology make the construction of Olympic stadiums – sometimes with cutting-edge contemporary architectural innovations – a major event in Olympic history. A receptacle for international competitions, the stadium also serves as a tool to demonstrate the power of the host country. No expense is spared to flaunt a nation's excellence and to set in stone the consciousness of a political regime.

Prouesse architecturale, le stade moderne est une construction hors-norme dans le paysage urbain. Visible de loin, impressionnant de près, le stade olympique est le temple du spectacle sportif, équipé des technologies les plus modernes. Ces « puissantes machines à images[1] » constituent le point central de la diffusion des « images idéales » de la compétition sportive et de la lutte acharnée pour la victoire.

Mais au-delà du spectacle sportif, le stade est aussi un monument urbain construit à l'occasion d'un événement de durée restreinte mais dont l'existence s'inscrit dans la durée. La complexification progressive des structures architecturales, la course au gigantisme et à la haute technologie font de la construction des stades olympiques – parfois à la pointe des innovations architecturales contemporaines – un événement majeur du moment olympique. Réceptacle des compétitions mondialisées, le stade est aussi l'instrument d'une démonstration de puissance du pays d'accueil. Les moyens ne sont pas ménagés pour exhiber l'excellence d'une nation et inscrire dans la pierre l'imaginaire d'un régime politique.

BERLIN 1936;
ROME 1960

As such, the examples of the Olympic stadiums built between the 1930s and 1980s are particularly enlightening. From the Olympiastadion at the heart of Berlin's famous Reichssportfeld (1936) to the Muscovite and American venues of the 1980s, via the 'Redemption' Games in Rome (1960) and Munich (1972), Olympic architectural constructions have truly been places to express the power and political regimes that supported them. While during the Games, the stadiums hosted the peaceful sparring of the athletes, the Olympic period was also the height of the demonstration of power by a state and of the validity of its political model. Two examples of this, the 1936 Olympic Games in Berlin and the 1960 Games in Rome, help us to better understand the symbolic dimensions of the stadiums built for these events, to which have gradually been added the planning concerns of the host cities.

BERLIN 1936;
ROME 1960

À ce titre, les exemples des stades olympiques construits entre les années 1930 et 1980 sont tout particulièrement éclairants. Depuis l'*Olympiastadion* au cœur du célèbre *Reichssportfeld* de Berlin (1936) jusqu'aux enceintes moscovites et américaines des années 1980, en passant par les Jeux de la « rédemption » à Rome (1960) et à Munich (1972), les constructions architecturales olympiques constituent bien des lieux d'expression du pouvoir et du régime politique qui les portent. Si les stades accueillent le temps des Jeux les joutes pacifiques des athlètes, cet événement constitue aussi l'acmé de la démonstration de puissance d'un État et de la validité de son modèle politique. Deux exemples, les Jeux Olympiques de Berlin 1936 et les Jeux de Rome 1960, permettent de mieux comprendre les dimensions symboliques des stades construits pour ces événements, auxquels se superposent progressivement les enjeux d'aménagement des villes d'accueil.

The stadium also serves as a tool to demonstrate the power of the host country.

Le stade est aussi l'instrument d'une démonstration de puissance du pays d'accueil.

THE GODS OF THE STADIUM: BERLIN, 1936

In the 1930s, European nationalist frenzy reached its peak with the advent of Fascist Italy and Nazi Germany. Glorified national greatness was closely associated with physical and sports activities, used to create the 'New Man'. Mussolini took power in 1922 during the March on Rome, and Hitler was appointed Chancellor of Germany in 1933. The loss of the individual to the benefit of the masses; the glorification of the Führer and the Duce; racial religion in Germany; the demise of the barrier between public and private; the violence of the form of government; triumphant masculinity; the desire for total control of society by the executive power ... so many upheavals for German and Italian societies. As Daphné Bolz explains in *Les arènes totalitaires,*[2] from an ideological point of view the anti-intellectualism of the fascist regimes was perfectly adapted to sport. It became a method of physical and moral recovery, the symbol of national rebirth. It meant not only shaping people, but also promoting the new heroes of the motherland in the face of foreign powers. The Italian Fascist and Nazi regimes invested massively in training young athletes, and in just a few years became great sporting nations. Major events such as the Games and football World Cups thus provided ways of demonstrating to the world the strength of their political model.

In addition, the 1934 football World Cup in Rome and the 1936 Olympic Games in Berlin attested to the quest for monumentalism within sporting spectacles. The gigantism of the sports facilities was used for national prestige. The style of the fascist states had a highly symbolic significance, and three trends emerged: 'the use of modern techniques and their effects on architectural style; the relationship with Antiquity; and the trend towards monumentalism'.[3] It was a far cry from the spectacles with commercial motivations taking place in the British football stadiums or French velodromes of the same era. In the fascist arenas, sport was an extension of politico-religious ceremonies. During these celebrations, everyone took part: from the sporting heroes covered in glory to the spectators. Everyone came together in the proclaimed unity of the people: racial, social and political.

LES DIEUX DU STADE : BERLIN, 1936

Dans les années 1930, la frénésie nationaliste européenne trouve son apogée dans l'avènement de l'Italie fasciste et de l'Allemagne nazie. La grandeur nationale magnifiée est étroitement associée aux activités physiques et sportives, mises au service de la construction de « l'Homme nouveau ». Mussolini prend le pouvoir en 1922 lors de la marche sur Rome et Hitler est nommé chancelier de l'Allemagne en 1933. La disparition des individus au profit de la masse, la glorification du *Führer* et du *Duce*, la religion raciale en Allemagne, la disparition de la frontière entre public et privé, la violence du mode de gouvernement, la virilité triomphante, la volonté de contrôle total de la société par le pouvoir exécutif... autant de bouleversements pour les sociétés allemande et italienne. Comme l'explique Daphné Bolz dans *Les arènes totalitaires*[2], d'un point de vue idéologique, l'anti-intellectualisme propre aux fascismes s'accommode parfaitement du sport. Celui-ci devient un moyen de redressement physique et moral, le symbole de la renaissance nationale. Il s'agit non seulement de former le peuple, mais aussi de mettre en scène les nouveaux héros de la patrie face aux puissances étrangères. Les régimes fasciste et nazi investissent massivement dans la formation des jeunes athlètes et deviennent, en quelques années, de grandes nations sportives. Les grands événements comme les Jeux Olympiques ou les Coupes du Monde sont alors des moyens de démontrer aux yeux du monde la vitalité de leur modèle politique.

Aussi, la Coupe du Monde de football de 1934 à Rome et les Jeux Olympiques de Berlin 1936 témoignent de la course à la monumentalité des spectacles sportifs. Le gigantisme des infrastructures sportives est mis au service du prestige national. Le style des États fascistes a une portée hautement symbolique et trois tendances se dégagent : « l'utilisation des techniques modernes et leurs effets sur le style architectural ; le rapport à l'Antiquité ; la tendance au monumentalisme[3] ». Nous sommes loin des spectacles aux motivations commerciales qui se tiennent dans les stades de football anglais ou les vélodromes français à la même époque. Dans les arènes fascistes, le sport est le prolongement de cérémonies politico-religieuses. Durant ces célébrations, tous participent : des héros sportifs auréolés de gloire aux spectateurs. Tous sont réunis dans l'unité proclamée du peuple : unités raciale, sociale et politique.

Berlin 1936: A crowd at the entrance of the Olympic Stadium (Olympiastadion)
—
Berlin 1936 – Une foule à l'entrée du stade olympique (Olympiastadion)

Nazism and sports constructions

Above all else, it was the 1936 Games organised in the heart of Nazi Germany that marked this first part of the 20th century. Shaping the 'New Man' was the political vision of the fascist regimes. In keeping with the return to ancient roots celebrated by Coubertin, these Games offered an extraordinary opportunity to Nazi Germany to celebrate and support the alleged relationship – racial and cultural – between ancient Greek greatness and that of the contemporary Germanic people, and to deliver it with an aesthetic presentation. The Nazis thus asserted themselves as best placed to understand the meaning of modern Olympia.[4]

The 1936 Games articulated better than any other the role of sports arenas as places of concrete political expression. In Nazi Germany, mass events were the most successful declaration of the unity of the *Volk* (people), including in the framework of sporting events. They therefore provided an opportunity to persuade Germans to adhere to the Olympic values and promote the country's image abroad.

Nazisme et constructions sportives

Ce sont surtout les Jeux de 1936 organisés au cœur de l'Allemagne nazie qui marquent cette première partie du XXe siècle. Façonner « l'Homme nouveau » constitue l'horizon politique des régimes fascistes. Dans la lignée du retour aux racines antiques célébré par Coubertin, ces Jeux offrent une occasion extraordinaire à l'Allemagne nazie de célébrer et de souligner la prétendue parenté – raciale et culturelle – entre la grandeur grecque antique et celle du peuple germanique contemporain et d'en délivrer une mise en scène esthétique. Les Nazis se revendiquent ainsi comme les mieux placés pour comprendre le sens de l'Olympie moderne[4].

Les Jeux de 1936 expriment mieux qu'aucun autre le rôle des espaces sportifs comme lieux d'expression concrète du politique. Dans l'Allemagne nazie, les manifestations de masse forment l'expression la plus aboutie de l'unité du *Volk* (peuple), y compris dans le cadre des rencontres sportives. Les Jeux sont donc l'occasion de faire adhérer les Allemands aux valeurs olympiques et de valoriser l'image du pays vis-à-vis de l'étranger.

The Reich's sports arena: the Reichssportfeld

Initially, for financial reasons, consideration was given to reusing the Deutsches Stadion built to host the cancelled 1916 Games by adapting it to Olympic requirements. With Hitler's rise to power, the project became much more grandiose than planned. The final construction would cost 36 million Reichsmark, compared to the six million initially forecast in March 1933. The Olympic site grouped together all of the competitions in one place, the goal of which was to make the Reichssportfeld a place that represented the Olympic ideal: a swimming pool, second stadium, 'German sports house', water sports venue, open-air theatre, etc. The Olympic site highly impressed the visiting nations.

Despite its traditional appearance, the Olympiastadion – built within the Reichssportfeld sports complex – has an extremely modern structure. Thus its reinforced concrete structure (in keeping with the sports designs by Otto Ernst Schweizer between 1920 and 1930) was anchored in construction techniques typical of the interwar period, despite a desire to return to architectural traditions.

Berlin 1936: The
Olympiastadion
—
Berlin 1936:
L'*Olympiastadion*

Berlin. Reichssportfeld, Eingang u. Olympiastadion

Le terrain de sport du Reich : le Reichssportfeld

Dans un premier temps, pour des raisons financières, il est envisagé de réutiliser le *Deutsches Stadion* construit pour accueillir les Jeux annulés de 1916 en l'adaptant aux exigences olympiques. Avec l'arrivée au pouvoir d'Hitler, le projet devient beaucoup plus grandiose que prévu. La construction finale coûtera 36 millions de reichsmark, contre les six millions initialement prévus en mars 1933. Le site olympique centralise l'ensemble des compétitions sur un seul lieu, avec pour objectif de faire du *Reichssportfeld* un lieu représentatif de l'idéal olympique : piscine, second stade, Maison du sport allemand, stade nautique, théâtre de plein air, etc. Le site olympique impressionne fortement les nations invitées.

L'*Olympiastadion* – construit au sein du complexe sportif du *Reichssportfeld* – est une architecture extrêmement moderne malgré son apparence traditionnelle. Ainsi sa structure en béton armé (dans la lignée des ouvrages sportifs d'Otto Ernst Schweizer dans les années 1920-1930) s'ancre dans les techniques de construction qui ont marqué l'entre-deux-guerres, et ce en dépit d'un désir de retour aux traditions architecturales.

Nationalist symbolism

Sports architecture had to symbolise the political and social renewal of Nazism. Albert Speer and Werner March thus constructed a grandiose framework within which to host the Games. With a seating capacity of 100,000, the stadium was the epitome of the neoclassical style of the official Nazi Party buildings. The construction created an impression of solidity, austerity and longevity, in keeping with the racist and patriotic virtues in place in the Reich. The monumental quality of the Olympiastadion, at the heart of the new 'Germania', was in itself a demonstration of power and modernity that would serve as a model.[5]

In accordance with the idea that the German language was pure, like the 'Aryan race', the names chosen for the various buildings at the Olympic site were German rather than Latin or Greek, as had been the case in the past. Thus, the Grünewalder Stadion (Stadium of Grünewald – a German artist who was a contemporary of Dürer) became the Deutsche Kampfbahn (German Arena) and the Sportforum (Sports Forum) became the Haus des Deustchen Sports (German Sports House).[6]

In addition, the site was finely worked from the point of view of the relationship with nature. The aim was to produce the image of the German landscape, and more precisely the German forest, in keeping with the romantic fantasy of Germany but also of Nazism, drawing its myths from legendary Nordic and Germanic tales glorified by Wagner, in which the forest played a central role.

The leaders of the Reich skilfully incorporated the Olympic symbols among the Germanic signs. While the six towers surrounding the stadium were named after Germanic tribes (Bavarian, Prussian, Swabian, Franconian, Saxon and Frisian), they stood alongside the 'Coubertin Square' southern esplanade. The towers played an important role in balancing the Olympic venue by directing the spectators to the Glockenturm (clock tower), also called the 'Führer's Tower', which framed the landscape and anchored it in solemnity.

At the foot was the Langemarckhalle, a memorial to German soldiers who had died in the First World War. Thus, 'the chime of the Olympic clock was also a nod to patriotic heroism. [The soldiers became] the martyrs of National Socialism: an extreme (and never outdated) fusion of sport, military elements and the cult of the dead'.[7] This blending was accepted and displayed to foreigners during the Games.

La symbolique nationaliste

L'architecture sportive se doit de symboliser le renouveau politique et social du nazisme. Albert Speer et Werner March bâtissent donc un cadre grandiose pour accueillir les Jeux. D'une capacité d'accueil de 100 000 places, le stade constitue l'apogée du style néo-classique des bâtiments officiels du Parti nazi. La construction crée une impression de solidité, d'austérité et de pérennité, dans la lignée des vertus racistes et patriotiques en vigueur dans le Reich. La monumentalité du Reichssportfeld, au cœur de la nouvelle « Germania », est en soi une démonstration de puissance et de modernité qui fera école[5].

Suivant l'idée que la langue allemande est une langue pure, comme l'est la « race aryenne », les noms des différents bâtiments du site olympique sont choisis d'après des appellations allemandes plutôt que latines ou grecques, comme c'était le cas par le passé. Ainsi, le Grünewalder Stadion (Stade de Grünewald – peintre allemand contemporain de Dürer) devient le Deutsche Kampfbahn (Terrain de compétition allemand) et le Sportforum (Forum du sport) devient la Haus des Deustchen Sports (Maison du sport allemand)[6].

De plus, le site est très travaillé du point de vue du rapport à la nature. Il s'agit de faire naître l'image du paysage allemand, et plus précisément de la forêt allemande, s'inscrivant à la fois dans l'imaginaire romantique de l'Allemagne mais aussi dans celle du nazisme, puisant ses mythes dans les récits nordiques et germaniques légendaires magnifiés par Wagner, dans lesquels la forêt joue un rôle central.

Les dirigeants du Reich introduisent avec habileté des symboles olympiques parmi les signes germaniques. Si les six tours encadrant le stade sont dénommées selon des tribus germaniques (Bavière, Prusse, Souabe, Francs, Saxe et Frise), elles côtoient l'esplanade Sud « place de Coubertin ». Les tours jouent un rôle important dans l'équilibre du site olympique en orientant les spectateurs vers le Glockenturm (clocher) aussi appelé « la tour du Führer » qui cadre le paysage et l'ancre dans la solennité.

À ses pieds se trouve la Langemarckhalle, un mémorial aux soldats allemands morts pendant la Première Guerre mondiale. Ainsi, « l'appel de la cloche olympique est aussi un appel à l'héroïsme patriotique. [Les soldats deviennent] des martyrs du national-socialisme : fusion extrême (et jamais dépassée) du sport, d'éléments militaires et du culte des morts[7] ». Cette fusion est assumée et affichée face aux étrangers durant le temps des Jeux.

The Glockenturm and the Langemarckhalle
—
Le Glockenturm et la Langemarckhalle

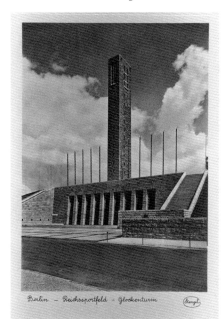

Berlin – Reichssportfeld – Glockenturm

Producing images of the Games: a modern reinvention of the ancient tradition

In parallel to the references to National Socialist mythology anchored in Germanic traditions, we see a reinvention of Antiquity omnipresent in the aesthetic of the National Socialist sports infrastructure.

This was illustrated through the reuse of ancient symbols dear to the regime, whether in architecture or the use of flames, sculptures or flags. The Aryan athletes were designated as the direct descendants of the Greeks. The first part of the famous film by Leni Riefenstahl, *Olympia* (1938), drew a parallel between the athletes of Greek statuary and the representatives of the 'Aryan race', presented as their contemporary incarnations. However, this architectural reference, while noticeable here and there (the classical columns, the theatre), was more about the language than about architecture that was truly modelled on ancient tradition.

Besides the construction of an architectural language belonging to Nazi Germany, the reference to ancient Greece also allowed for the role of the 'Olympic compromise' to be played: it also meant appropriating symbols recognised by Olympic tradition and the International Olympic Committee.

La mise en image des Jeux : réinvention moderne de la tradition antique

Parallèlement aux références à la mythologie nationale-socialiste ancrée dans les traditions germaniques, on observe une réinvention de l'Antiquité omniprésente dans l'esthétique des infrastructures sportives nationales-socialistes.

En témoignent la reprise des symboles antiques chers au régime, que ce soit l'architecture ou l'usage des flammes, des sculptures ou des drapeaux. Les sportifs aryens sont désignés comme les héritiers directs des Grecs. La première partie du célèbre film de Leni Riefenstahl, *Les Dieux du stade* (1938), dessine un parallèle entre les athlètes de la statuaire grecque et les représentants de la « race aryenne », présentés comme leur incarnation contemporaine. Pour autant, cette référence architecturale, si elle est perceptible çà et là (les colonnes classiques, le théâtre) relève plus du discours que d'une architecture véritablement calquée sur la tradition antique.

Au-delà de la construction d'un discours architectural propre à l'Allemagne nazie, la référence à l'Antiquité grecque permet aussi de jouer le rôle de « compromis olympique » : il s'agit aussi de s'approprier des symboles reconnus par la tradition olympique et le Comité International Olympique (CIO).

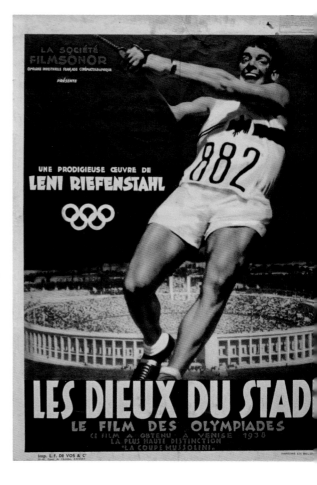

Poster for the French version of Leni Riefenstahl's film *Olympia* (1938)
—
Affiche du film *Les Dieux du stade* de Leni Riefenstahl (1938)

THE ITALIAN RENAISSANCE: ROME, 1960

After the victory of the Allied Forces, the Games were organised in London in 1948. Germany and Japan were not invited to the 'Austerity Games',[8] and the USSR did not take part again in what remained the prerogative of the Western Bloc. But from the 1952 Games in Helsinki, in a neutral country, the Eastern Bloc rejoined the quadrennial sports festival. The physical splitting of the Olympic Village between the two camps illustrated once again the irruption of political symbolism into Olympic architecture. These Games unveiled political opposition that was played out on a cultural level, with each camp seeking to ensure that its moral and cultural ethos triumphed. Thus the 78 US medals and the legendary victories of Emil Zatopek[9] (a lieutenant in the Czech army) in the Finnish capital were widely feted by the Americans and Russians.

In this context of a cultural war, the weight of the history of sports events made itself felt. And this would be even more so the case when Rome hosted the Games in 1960. Indeed, the Eternal City sought to put on a brave face. Members of the Axis, conquered by the Americans, ruined by the conflict, the Italians had to come to terms with traces of their Mussolini past, the memory of the Olympic Games in 1936 and the football World Cup in 1934 – which had left a deep impression on people's minds – as had the celebrations of Nazi Germany and Fascist Italy.

1960 was a pivotal year for Italy in general and Rome in particular. Benefiting from the Marshall Plan to rebuild the country and an economically favourable situation, Italy entered a period of very strong economic growth and up-heaval, depicted by, among others Luciano Bianciardi.[10] The issues were numerous for the Christian Democrat government and Salvatore Rebecchini – the Mayor of Rome of the same party. It was about affirming their belonging to the capitalist camp, drawing a line under the Mussolini past and putting an end to the image of poverty associated with the Italy of mass emigration. To do this, the National Olympic Committee of Italy relied on Rome's image as the Eternal City, the birthplace of Western civilisation, while anchoring the Italian capital in modernity.

LA RENAISSANCE ITALIENNE : ROME, 1960

Après la victoire des Alliés, les Jeux sont organisés à Londres en 1948. L'Allemagne et le Japon ne sont pas conviés aux « Jeux de l'austérité[8] » et l'URSS ne participe pas encore à ce qui demeure l'apanage du bloc occidental. Lors des Jeux d'Helsinki 1952, le bloc de l'Est rejoint la fête sportive quadri-annuelle. La scission physique du village olympique entre les deux camps illustre une fois de plus l'irruption de la symbolique politique dans l'architecture olympique. Ces Jeux inaugurent une opposition politique, chaque camp cherchant à faire triompher son ethos moral et culturel. Ainsi, les 78 médailles américaines ou les victoires légendaires d'Emil Zatopek[9] (lieutenant de l'armée tchécoslovaque) dans la capitale finlandaise sont largement mises en scène par les Américains et les Russes.

Dans ce contexte de guerre culturelle, le poids de l'histoire des événements sportifs se fait ressentir. Et ce sera d'autant plus le cas lorsque Rome accueille les Jeux en 1960. En effet, la Ville Éternelle cherche à faire bonne figure. Parties prenantes de l'axe, vaincus par les Américains, ruinés par le conflit, les Italiens doivent composer avec les traces du passé mussolinien, le souvenir des Jeux Olympiques de 1936 et de la Coupe du Monde de football de 1934 – qui ont durablement marqué les esprits – comme autant de célébrations de l'Allemagne nazie et de l'Italie fasciste.

1960 marque une année charnière pour l'Italie en général et Rome en particulier. Profitant du plan Marshall pour reconstruire le pays et d'une situation économique favorable, l'Italie entre dans une période de très forte croissance économique et de bouleversements, dépeints entre autres par Luciano Bianciardi[10]. Les enjeux sont multiples pour le gouvernement démocrate-chrétien et Salvatore Rebecchini – le maire romain du même parti. Il s'agit d'affirmer leur appartenance au camp capitaliste, de tirer un trait sur le passé mussolinien et de mettre fin à l'image de pauvreté associée à l'Italie des grandes migrations. Pour ce faire, le Comité National Olympique italien s'appuie sur l'image de Rome, Ville Éternelle, berceau de la civilisation occidentale, tout en ancrant la capitale dans la modernité.

The Italian economic miracle: post-war modernity

The Games in Rome were the first to be explicitly used as a trigger for development and major city improvements going well beyond sports facilities. This meant fulfilling the city expansion needs of 1960–70 and definitively signalling the end of post-war austerity. Rome therefore put in place a project that fully utilised the potential of the urban renewal of the Olympic Games and with much higher costs than for previous editions. Most of the financing (about 50 million dollars at the time – equivalent to 400 million dollars today) came from the Totocalcio, the body managing betting on Italian football.

The organisers built on two zones containing sports facilities already available: one in and around the Foro Italico in the north of the city and one in the EUR – a district in the south – originally designed as a spectacular residential area for the cancelled 1942 Universal Exhibition. In and around the Foro Italico, there was the Olympic Stadium, the Stadio Flaminio, built by Pier Luigi and Antonio Nervi[11] on the site of the Stadio del Partito Nazionale Fascista (Stadium of the National Fascist Party, 1927), which had hosted the 1934 World Cup as well as numerous events linked to the party. This itself had been constructed on the site of the National Stadium built in 1911 for the celebration of the 50th anniversary of Italian unification.[12]

The EUR zone was also the heart of the sports activities: the Palazzo dello Sport, the velodrome, the swimming pool known as

Le miracle économique italien : la modernité d'après-guerre

Les Jeux de Rome sont les premiers à être explicitement utilisés comme déclencheurs de développements et d'aménagements urbains majeurs allant bien au-delà des équipements sportifs. Il s'agit de combler les besoins d'expansion urbaine des années 1960-1970 et de définitivement signer la fin de l'austérité d'après-guerre. Rome met donc en place un projet qui utilise en plein le potentiel de renouvellement urbain des Jeux Olympiques et ce avec des coûts bien plus importants que lors des Olympiades précédentes. La majorité des financements (environ 50 millions de dollars de l'époque – ce qui équivaudrait à 400 millions de dollars aujourd'hui) proviennent du *Totocalcio*, la structure gérant les paris sur le football italien.

Les organisateurs misent sur deux zones comportant déjà des infrastructures sportives disponibles : celle autour du *Foro Italico* dans le nord de la ville et celle de l'EUR – un quartier du sud – originellement dessiné comme un quartier résidentiel spectaculaire destiné à l'Exposition universelle annulée de 1942. Dans et autour du *Foro Italico*, on retrouve le stade olympique, le stade Flaminio, construit par Pier Luigi et Antonio Nervi[11] sur l'emplacement du *Stadio del Partito Nazionale Fascista* (1927) qui a accueilli la Coupe du Monde de 1934 ainsi qu'un grand nombre d'évènements liés au Parti. Ce dernier l'avait lui-même construit à l'emplacement du stade national réalisé en 1911 à l'occasion des fêtes du cinquantenaire de l'Unité de l'Italie[12].

Campo Parioli before work on the Olympic Games © L'Unità, all rights reserved

—

Campo Parioli avant les travaux pour les Jeux Olympiques © L'Unità, tous droits réservés

the Piscina delle Rose, and the Tre Fontane training area. These Olympic districts rapidly transformed into leisure areas, making a lasting contribution to the cultural and sporting life of the city.

The Olympic Village was built in Campo Parioli, between 1958 and 1960. Architects Cafiero, Libera, Luccichenti, Monaco and Moretti produced a complex that met modern functional demands. This newly built area was designed to be self-sufficient in terms of infrastructure (public buildings, urban facilities, etc.), while fulfilling the aesthetic requirements of the Games.

Its location was not chosen lightly. Indeed, it allowed the city authorities to destroy the Campo Parioli[13] slum. In fact, city regeneration often goes hand in hand with the destruction of unsanitary housing and/or the expulsion of poor inhabitants from the areas targeted by urban policies, with a view to relocating them to other areas.[14]

This new residential area became a symbol of Italian public housing of the 1960s. And, in a more contemporary fashion, the issue of its renovation – 40 years later – addressed head-on its historical status as an area emblematic of a specific type of housing, but also reflected an international event that made a lasting mark on the Roman capital.[15]

'National self-representation,'[16] between Antiquity and Fascism

The new facilities built for the Games under the leadership of Pier Luigi Nervi were marks of modernism: as shown by the use of reinforced concrete, technical prowess, and the design aesthetic. However, the Italian capital did not rely only on this modernism to promote a redeemed image to an international audience. It highlighted Rome's ancient past and its founding influence on creating contemporary stadiums, based on 'sports' facilities such as the Colosseum and the Circus Maximus.[17] But the use of ancient symbols by the young Italian Republic was loaded with meaning and reminiscent of this same glorification of the Roman past, implemented by Mussolini and the National Fascist Party from 1922 to 1943, which it was seeking to make people forget. Similarly, the numerous sports facilities built under the reign of the Duce were reused for the Games.

Dans l'EUR il y a aussi le cœur des activités sportives : le *Palazzo dello sport*, le vélodrome, la *Piscina delle rose* et la zone d'entraînement *Tre Fontane*. Ces quartiers olympiques rapidement transformés en zones de loisirs, constituent une contribution durable à la vie culturelle et sportive de la ville.

Le village olympique est construit à *Campo Parioli*, entre 1958 et 1960. Les architectes Cafiero, Libera, Luccichenti, Monaco et Moretti réalisent un complexe répondant aux exigences fonctionnelles modernes. Ce quartier sorti de terre est conçu pour être autosuffisant en termes d'infrastructures (bâtiments publics, équipements urbains etc.) tout en répondant aux exigences esthétiques des Jeux.

Son emplacement n'est pas choisi à la légère. En effet, il permet à la Municipalité de détruire le bidonville de *Campo Parioli*[13]. La régénération urbaine va en effet souvent de pair avec la destruction d'habitat insalubre et/ou l'expulsion des habitants pauvres des quartiers visés par les politiques urbaines, en vue de leur relocalisation dans d'autres quartiers[14].

Ce nouveau quartier résidentiel devient un symbole de l'habitat public italien des années 1960. Et, de manière beaucoup plus contemporaine, la question de sa rénovation – 40 ans plus tard – aborde frontalement son statut historique en tant que quartier emblématique d'un habitat spécifique, mais aussi témoin d'un événement international qui a marqué durablement la capitale romaine[15].

« L'autoreprésentation nationale[16] », entre Antiquité et fascisme

Les nouvelles infrastructures construites pour l'occasion des Jeux sous la houlette de Pier Luigi Nervi sont empreintes de modernisme : en témoigne l'utilisation du béton armé, les prouesses techniques, l'esthétique des dessins. Cependant, la capitale italienne ne s'appuie pas seulement sur ce modernisme pour promouvoir une image rédimée auprès du public international. Il s'agit de mettre en valeur le passé antique de Rome et son influence fondatrice dans la création des stades contemporains, en s'appuyant sur des infrastructures « sportives » telles que le Colisée et le Cirque Maxime[17]. Mais l'utilisation

Rather than build a new architectural identity (as the Germans did in Munich in 1972 to break with the memory of the 1936 Games), the Italians therefore chose to turn to their ancient pre-Fascist past. The project had to guarantee continuity between ancient architecture and modern works. Thus, the Baths of Caracalla (AD 216) were used for gymnastics, wrestling matches were held in the Basilica of Maxentius (early 4th century AD), and Ethiopia's Abebe Bikila won the marathon – highly symbolically – under the Arch of Constantine (AD 315).

It meant organising elegant, artistic[18] Games – an objective that was achieved – and renewing the Roman identity of the Caesars. But, in doing so, the Olympic officials of 1960 imitated Mussolini and his version of Eternal Italy.

The Duce had wanted to outdo the Empire of the Caesars and build a Fascist Roman Empire.[19] To do this, he carried out considerable work in Rome and sought to impose this new myth of Roman culture across the whole country. He was intent on putting an end to post-Imperial Rome, razing to the ground many popular areas, but also, paradoxically, part of the imperial forums, to build the Via dell'Impero. The organising committee strove to erase all traces of Fascism and its architecture, willing to do anything to make people forget about it. But this was no easy task, and the preservation of Fascist symbols sculpted and engraved in the Foro Italico was problematic, not only as regards the international press, but also Italian society. Indeed, a number of buildings still bear inscriptions, such as *Duce, Duce, Duce* in front of the Stadio dei Marmi.

Furthermore, in the context of the 1960 Games, Pier Luigi Nervi modified buildings that he himself had built between 1930 and 1940. Indeed, a large part of the funding for the Games was devoted to reconstructing buildings previously erected for Benito Mussolini's bid for the cancelled Games of 1944. The prestige mega-edifices built in the years 1930 to 1940 served to frame meticulously orchestrated crowd movements. These infrastructures were marked by a composite architecture, a mixture of monumentalism, strict axial alignment and references to Antiquity. The buildings by Nervi and other architects thus allowed for the political idolisation of Fascism, through the conquest of

des symboles antiques par la jeune République italienne est chargée de sens et n'est pas sans rappeler cette même glorification du passé romain, qu'elle cherche pourtant à faire oublier, opérée par Mussolini et le Parti national fasciste de 1922 à 1943. De même, les nombreuses infrastructures sportives construites sous le règne du *Duce* seront réutilisées lors des Jeux.

Plutôt que de se construire une nouvelle identité architecturale (comme l'ont fait les Allemands à Munich en 1972 pour rompre avec le souvenir des Jeux de 1936), les Italiens choisissent donc de se tourner vers leur passé antique, préfasciste. Le projet doit garantir une continuité entre l'architecture antique et les ouvrages modernes. Ainsi, les thermes de Caracalla (216 apr. J.-C.) sont utilisés pour la gymnastique, les matchs de lutte prennent place dans la Basilique de Maxence (début du IVe siècle apr. J.-C.) et l'Éthiopien Abebe Bikila remporte – très symboliquement – le marathon sous l'Arc de Constantin (315 apr. J.-C.).

The Basilica of Maxentius
—
La Basilique de Maxence

monumentalism. Some of these characteristics could be seen 20 years later, as the monumentality of the futurist Fascist Roman culture had left 'indelible traces'[20] alongside ancient vestiges, medieval churches and Renaissance palaces.

Besides these historical and symbolic considerations, the Rome Games embodied a watershed in the urban approach to these sports events. Indeed, they became tools to completely rework the landscape. They had an impact on the cityscape as a whole and not just on an area destined for housing, a new stadium or even an Olympic village. Thus, the Games were a tool used to develop the land, but, as we have seen, they were also in keeping with the history of Rome. Firstly, they did not fully mask the traces of recent Fascism, even reusing them; and, secondly, they asserted ancient Roman heritage and modernity rather than the recent past. But this assertion itself anchored them a little more in their Mussolini-era past, as it reproduced (with all of the same proportions) the same perspective. Finally, these Games provided a true guided tour of the history of the Eternal City, the highpoint of which was the route of the marathon, which travelled between the ancient monuments and Mussolini's Via dell'Impero, which had become the Via dei Fori Imperiali.

Il s'agit d'organiser des Jeux élégants, artistiques[18] – objectif qui sera atteint – et de renouer avec l'identité romaine des Césars. Mais, ce faisant, les responsables de l'Olympiade de 1960 imitent Mussolini et sa vision de l'Italie éternelle.

Le *Duce* souhaitait dépasser l'Empire des Césars et édifier un Empire romain fasciste.[19] Pour cela il avait opéré de nombreux travaux dans Rome et cherché à imposer ce nouveau mythe de la romanité dans l'ensemble du pays. Il voulait en finir avec la Rome post-impériale, rasant bon nombre de quartiers populaires, mais aussi, paradoxalement, une partie des forums impériaux pour construire la *Via dell'Impero*. Pour les Jeux de 1960 le comité d'organisation veut, quant à lui, effacer toutes traces du fascisme et de son architecture, prêt à tout pour les faire oublier. Mais ce n'est pas si aisé, et la conservation des symboles fascistes sculptés et gravés dans le *Foro Italico* est problématique, non seulement vis-à-vis de la presse internationale mais aussi de la

société italienne. En effet, un certain nombre de bâtiments comportent encore des inscriptions, telles que *Duce, Duce, Duce* devant le *Stadio dei Marmi*.

Plus encore, Pier Luigi Nervi modifie – dans le cadre de l'Olympiade de 1960 – des bâtiments qu'il a lui-même construits dans les années 1930-1940. En effet, une grande partie des financements destinés aux Jeux sont dédiés à la reconstruction des bâtiments édifiés en vue de la candidature de Benito Mussolini aux Jeux annulés de 1944. Les macro-équipements de prestige qui ont été bâtis dans les années 1930-1940 ont servi de cadre à des mouvements de foule orchestrés minutieusement. Ces infrastructures sont marquées par une architecture composite, mélange de monumentalisme, d'axialité stricte et de références à l'Antiquité. Les bâtiments de Nervi et d'autres architectes permettent ainsi la sacralisation politique du fascisme, par une conquête de monumentalité. On retrouve certaines de ces caractéristiques 20 ans plus tard car cette grandeur de la romanité fasciste futuriste a laissé des « traces indélébiles[20] » aux côtés des vestiges antiques, des églises médiévales et des palais de la Renaissance.

Au-delà de ces considérations d'ordres historique et symbolique, les Jeux de Rome incarnent un tournant dans l'approche urbaine de ces évènements sportifs. Ils deviennent en effet des outils d'aménagement du territoire à part entière. Ils ont un impact sur le secteur urbain dans son entièreté et non plus sur un quartier destiné à accueillir un nouveau stade, voire un village olympique. Ainsi, les Jeux constituent un moyen mis au service de l'aménagement du territoire, mais comme nous l'avons vu, ils s'inscrivent aussi dans l'histoire de Rome. D'une part, ils ne masquent pas complètement les traces du fascisme récent, voire les réutilisent et, d'autre part, ils revendiquent l'héritage antique romain et la modernité plutôt que le passé récent. Mais cette revendication même les ancre un peu plus dans leur passé mussolinien, puisqu'il s'agit de reproduire (toutes proportions gardées) une même perspective. Finalement, ces Jeux constituent une véritable visite guidée de l'histoire de la Ville Éternelle, avec pour acmé le parcours du marathon qui sillonne entre les monuments antiques et la *Via dell'Impero* mussolinienne devenue *Via dei Fori Imperiali*.

AGENTS OF CHANGE

The large Olympic stadiums are essential urban components, reshaping the cityscape in the long term. Places of temporary sporting celebration, they leave a much larger spatial and temporal imprint. Used to demonstrate the strength of political power such as the Nazi Reichssportfeld, they are also a place to express political symbolism. The peaceful celebration as expounded by Pierre de Coubertin has indeed always been threatened with the Games being used for political purposes. Olympic bids have provided an opportunity to illustrate an innovative capacity (such as for Berlin in 1936) but also to rebuild the image of a city and nation (such as for Rome in 1960). For all that, while at the start of the century Olympic stadiums were limited to the arena and their surroundings, they have become, particularly since the 1960 Games in Rome, a lever used by cities to implement urban renewal projects. Olympic stadiums therefore reflect the combination of the political imagination of a nation, a city and that which is intrinsic to the history of Olympism. After the event, these signs remain.

ACTEURS DE CHANGEMENT

Les grands stades olympiques forment des composantes urbaines essentielles, remodelant le paysage urbain de manière durable. Lieux d'une célébration sportive éphémère, ils laissent une empreinte spatiale et temporelle bien plus large. Utilisés pour démontrer la force d'un pouvoir politique comme le *Reichssportfeld* nazi, ils sont aussi le lieu d'expression d'une symbolique politique. La célébration pacifiste telle que proposée par Pierre de Coubertin a en effet toujours été confrontée à l'utilisation des Jeux à des fins politiques. Les candidatures olympiques sont l'occasion d'illustrer une puissance d'innovation (Berlin 1936) mais aussi de redorer l'image de sa ville et de sa nation (Rome 1960). Pour autant, si au début du siècle les stades olympiques se limitent à l'arène et ses environs, ils sont, et notamment depuis les Jeux de Rome 1960, devenus un levier utilisé par les villes pour mettre en place des projets de rénovation urbaine. Les stades olympiques renvoient donc à l'agencement entre l'imaginaire politique d'une nation, d'une ville et celle propre à l'histoire de l'Olympisme. Au-delà de l'événement, ces signes perdurent.

Inscription in the
Stadio dei Marmi
—
Inscriptions au *Stadio
dei Marmi*

Notes

1. Marc Perelman, 'Médiatisation du sport et sportivisation des médias: le stade comme vision du monde', *Chimères*, vol. 74, no. 3 (2010), pp. 185–200.
2. Daphné Bolz, *Les arènes totalitaires: Hitler, Mussolini et les jeux du stade* (Paris: CNRS, 2008).
3. Ibid.
4. Johann Chapoutot, 'Le corpus sanum de l'homme nouveau: de la pierre à la chair: esthétique et eugénique du corps aryen', in *Le nazisme et l'Antiquité*, Quadrige (Paris: PUF, 2012), pp. 227–82.
5. Alain Ehrenberg, *Le culte de la performance* (Paris: Calmann-Levy, 1991).
6. Bolz, *Les arènes totalitaires*.
7. Ibid.
8. Peter J. Beck, 'The British Government and the Olympic Movement: The 1948 London Olympics', *The International Journal of the History of Sport*, vol. 25 (2008), pp. 615–47.
9. Yohann Fortune, 'Emil Zatopek dans la Guerre Froide: de la soumission à la rébellion (1948–1968)', *Sciences sociales et sport*, vol. 5, no. 1 (2012), p. 53.
10. To get an idea of Italy during this economic miracle, one can read *It's a Hard Life* by Luciano Bianciardi (London: Hodder & Stoughton, 1965) but also watch *La Dolce Vita* by Federico Fellini (Riama Film, 1960) or *Il sorpasso* by Dino Risi (Fair Film, 1962).
11. The choice of Pier Luigi Nervi (1891–1979) for the Olympic construction has a double meaning: the famous Italian architect (who also designed the UNESCO building in Paris) began his career in the Mussolini era.
12. Previously a football stadium, it is now used as a rugby stadium for the men's national team.
13. John R. Gold and Margaret M. Gold, 'Olympic Cities: Regeneration, City Rebranding and Changing Urban Agendas', *Geography Compass*, vol. 2, no. 1 (2008), pp. 300–18.
14. Anne Clerval, *Paris sans le peuple: la gentrification de la capitale* (Paris: La Découverte, 2013).
15. Simona Salvo, 'The Uncertain Future of Modern Public Residential Housing: The Case of The Olympic Village in Rome', *E-Rph – Revista Electrónica de Patrimonio Histórico*, vol. 14 (2015), pp. 138–60.
16. Eva Maria Modrey, 'Architecture as a Mode of Self-Representation at the Olympic Games in Rome (1960) and Munich (1972)', *European Review of History / Revue Européenne d'Histoire*, vol. 15 (2008), pp. 691–706.
17. Paul Veyne, *Le pain et le cirque* (Paris: Seuil, 1995).
18. Ibid.
19. Emilio Gentile, *Fascismo di pietra*, 3rd edn (Rome: Laterza, 2010).
20. Ibid., p. 96.

Notes

1. Marc Perelman, « Médiatisation du sport et sportivisation des médias : le stade comme vision du monde », *Chimères*, vol. 74, no 3 (2010), pp. 185-200.
2. Daphné Bolz, *Les arènes totalitaires : Hitler, Mussolini et les dieux du stade* (Paris : CNRS, 2008).
3. *Ibid.*
4. Johann Chapoutot, « I. Le corpus sanum de l'homme nouveau : de la pierre à la chair : esthétique et eugénique du corps aryen », dans *Le nazisme et l'Antiquité*, Quadrige (Paris : PUF, 2012), pp. 227-282.
5. Alain Ehrenberg, *Le culte de la performance* (Paris : Calmann-Levy, 1991).
6. Bolz, *Les arènes totalitaires*.
7. Ibid.
8. Peter J. Beck, « The British Government and the Olympic Movement: The 1948 London Olympics », *The International Journal of the History of Sport*, vol. 25 (2008), pp. 615-647.
9. Yohann Fortune, « Emil Zatopek dans la Guerre Froide : de la soumission à la rébellion (1948-1968) », *Sciences sociales et sport*, vol. 5, no 1 (2012), p. 53.
10. Ainsi, pour se faire une idée de l'Italie du miracle économique, on peut lire *La vie aigre* de Luciano Bianciardi (Paris : Actes Sud, 1962, rééd. 2007) mais aussi voir *La Dolce Vita* de Federico Fellini (Riama Film, 1960) ou encore *Le Fanfaron* de Dino Risi (Fair Film, 1962).
11. Le choix de Pier Luigi Nervi (1891-1979) pour les constructions olympiques est à double sens : le célèbre architecte italien (entre autre auteur du bâtiment de l'Unesco à Paris) a commencé sa carrière sous l'ère mussolinienne.
12. Auparavant un stade de football, il est aujourd'hui utilisé comme stade de rugby pour l'équipe nationale masculine.
13. John R. Gold et Margaret M. Gold, « Olympic Cities: Regeneration, City Rebranding and Changing Urban Agendas », *Geography Compass*, vol. 2, no 1 (2008), pp. 300-318.
14. Anne Clerval, *Paris sans le peuple : la gentrification de la capitale* (Paris : La Découverte, 2013).
15. Simona Salvo, « The Uncertain Future of Modern Public Residential Housing: The Case of The Olympic Village in Rome », *E-Rph – Revista Electrónica de Patrimonio Histórico*, vol. 14 (2015), pp. 138-160.
16. Eva Maria Modrey, « Architecture as a Mode of Self-Representation at the Olympic Games in Rome (1960) and Munich (1972) », *European Review of History / Revue Européenne d'Histoire*, vol. 15 (2008), pp. 691-706.
17. Paul Veyne, *Le pain et le cirque* (Paris : Seuil, 1995).
18. Ibid.
19. Emilio Gentile, *Fascismo di pietra*, 3e éd. (Rome : Laterza, 2010).
20. Ibid., p. 96.

Sarah Walker
(NZL, BMX)
I remember standing in the tunnel where you can see all the athletes' heads, and at the end of the tunnel you could see just a wall of spectators on the other side of the stadium. Because of the lights and everything, it just looked like a TV screen, it didn't look real, but it was. It was really quite crazy, and then to walk in, out of the tunnel and into the track, and do the lap around, and just the noise that everyone was making. I was completely blown away, I don't think anything could have prepared me for that moment, but I am so glad that I got to experience it.

Sarah Walker
(NZL, BMX)
Je me souviens que j'étais dans le tunnel. Je voyais les têtes des autres athlètes et, au bout du tunnel, des rangées de specta-teurs, à l'autre bout du stade. Avec les projecteurs, on avait l'impression qu'il s'agissait d'un écran de télévision. Le moment semblait irréel... et pourtant il l'était. Et quand je suis sortie du tunnel et que je me suis retrou-vée sur la piste, à en faire le tour, avec ce bruit assourdissant, j'étais totalement ébahie. Rien ne m'avait préparée à une telle expérience, mais je suis ravie de l'avoir vécue.

LES ATHLÈTES DANS LES STADES ATHLETES ON STADIUMS

CEREMONIES CÉRÉMONIES CEREMONIES CÉRÉ

MONIES **CEREMONIES** **CÉRÉMONIES**

S ON STADIUMS **LES ATHLÈTES DANS LES**

Calgary 1988

Merel Witteveen
(NED, sailing)
We were waiting outside the athletics stadium, and we were standing there, and tension was building up. And then at a certain point they opened the doors for us, and we walked through and then there was this enormous stadium. All these flags and cheers everywhere and then the whole ground area, the whole grass field was filled with athletes, and spectacle, and music, and fire... It was magic.

Merel Witteveen
(NED, voile)
Nous attendions à l'extérieur du stade, debout. La tension montait. Ils ont fini par ouvrir les portes et nous sommes entrés dans ce stade gigantesque. Nous nous sommes retrouvés sous les applaudissements et les drapeaux. Et là, le terrain était couvert d'athlètes, la pelouse était bondée. C'est tout un spectacle, avec de la musique, des feux d'artifice... C'était un moment magique.

Dawn Fraser
(AUS, swimming)
I guess marching into the stadium at the opening ceremony is probably the thrill of a lifetime. I can still remember thc day in 1956 when we marched into that stadium, and just as we walked up the ramp, before we even got into the arena, the roar of the crowd when they saw the Australian flag was just unbelievable.

Dawn Fraser
(AUS, natation)
Défiler dans le stade lors de la cérémonie d'ouverture a probablement été le plus beau moment de ma vie. Je me souviens encore de ce jour de 1956, quand nous sommes entrés dans le stade : nous remontions la rampe d'accès et, avant même de poser le pied dans le stade, nous avons entendu la clameur de la foule à la vue du drapeau australien. C'était incroyable.

55

Los Angeles 1984

Josiah Ng
(MAS, track cycling)
I think that every athlete should experience walking into the stadium with all the lights and the sounds and the cheers from the tens of thousands of people there. It's very difficult to describe how amazing the feeling is.

Josiah Ng
(MAS, cyclisme sur piste)
Tous les athlètes devraient vivre cette expérience : marcher dans le stade, sous le feu des projecteurs, avec tout ce bruit, et la clameur de dizaines de milliers de spectateurs. C'est un senti-ment très difficile à décrire.

LES ATHLÈTES DANS LES STADES ATHLETES ON STADIUMS LES ATHLÈTES DANS

Phil Coles
(AUS, kayak)
When we went down the runway into the stadium and the crowd as always gave Australia a very, very warm welcome, the hair on the back of my neck just stood up. It was something that I'd never experienced before, it was sensational.

Phil Coles
(AUS, canoë-kayak)
Quand nous sommes sortis du tunnel d'accès au stade, la foule a applaudi très, très chaleureusement l'Australie. Pris par l'émotion, j'ai senti mes poils se hérisser. Je n'avais jamais rien vécu d'aussi fort, c'était fabuleux.

ARCHITECTURE AND URBAN PLANNING

L'ARCHITECTURE ET L'URBANISME

'A stadium, more than any other building type in history, has the ability to shape a town or city. A stadium is able to put a community on the map, establishing an identity and providing a focal point in the landscape.

Stadiums are the most 'viewed' buildings in history, and have the power to change people's lives: they represent a nation's pride and aspirations. They can be massively expensive to build, but they can also generate huge amounts of money. The power and fiscal weight of sport is increasing as an industry around the world, and it is probable that the 21st century will establish sport as the world's first truly global culture. It will become the internationally recognised social currency.

Consequently, the stadium will become the most important building any community can own, and, if it is used wisely, it will become the most useful urban planning tool a city can possess. In the last 150 years, since sport was codified and professional-ised, there has been a dramatic shift to urbanisation, from the country to the city, and the meteoric rise in the popularity of sport has been the consequence.'

Rod Sheard, Architect and Senior Principal, Populous

« Plus que tout autre type d'édifice dans l'histoire, un stade peut façonner une ville. Il peut faire connaître un quartier, en fondant son identité et en servant de point de repère dans le paysage.

Comptant parmi les édifices les plus "vus" de l'histoire, le stade est à même de transformer la vie des gens : il incarne la fierté et les aspirations d'une nation. Parfois ex-cessivement onéreux à construire, il peut aussi générer de gros revenus. L'influence et le poids financier du sport en tant que secteur d'activité à part entière ne cessent de croître à travers le monde. Il est d'ailleurs probable qu'au XXIe siècle le sport devienne la première pratique culturelle vraiment universelle. Ce sera la devise sociale reconnue à l'échelon international.

Ainsi, le stade deviendra l'édifice le plus important qu'une collectivité locale puisse posséder et, s'il est utilisé judicieusement, il constituera l'outil d'urbanisme par excellence. Depuis la réglementation et la professionnalisation du sport, on a assisté à une urbanisation spectaculaire au cours des 150 dernières années, les populations quittant la campagne pour s'installer en ville. La hausse fulgurante de la popularité du sport en est la conséquence. »

Rod Sheard, architecte, Populous.

The London 2012 Olympic Stadium
—
Le stade olympique de

THE ROLE AND PLACE OF THE STADIUM IN AN OLYMPIC CITY

LE RÔLE ET LA PLACE DU STADE DANS UNE VILLE OLYMPIQUE

GERAINT JOHN & DAVE PARKER

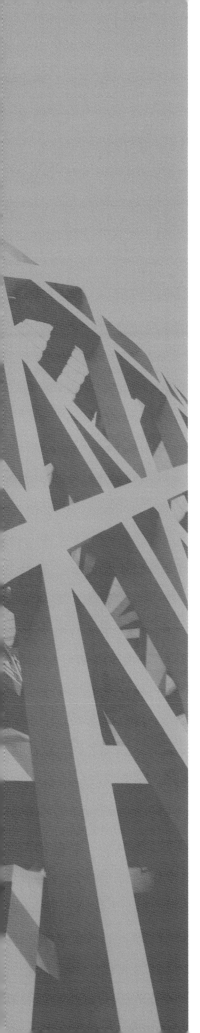

An Olympic stadium becomes, almost inevitably, the largest public facility in the host city. Some have likened such stadiums to cathedrals in their importance to society. They are magic places, where legends are born. Properly designed, they can also become the city's most important multi-purpose entertainment complex after the Games are over.

Stadiums are now expected to be truly sustainable, to be safe, and to be a delight to visit. They should be accessible to and loved by the public. And they should transform the city's infrastructure and regenerate its depressed areas. Olympic stadiums are major challenges: the best design talents must be brought together to meet those challenges.

The sports stadium of today can be seen as a huge theatre for the exhibition of heroic feats. Dramatic function and monumental scale combine to produce powerful civic architecture and structures.

The largest and most important facility at the Games, with the greatest spectator capacity, the main stadium generally hosts the athletics – a sport that has always been at the heart of the Olympic Games. It is also usually the venue for the opening and closing ceremonies, which have become more spectacular and more demanding both technically and structurally.

The events staged in modern Olympic stadiums are witnessed by worldwide TV audiences numbered in the billions. Every four years, the main stadium becomes the most famous building on the planet and a showpiece for the host city and the host country. It can even become an icon: for example, Beijing's famous 'Bird's Nest' stadium built for the 2008 Games and now a mecca for tourists.

Every Olympic stadium should be an exciting structure using the latest technology. The city

Bien souvent, le stade olympique devient la principale installation publique de la ville hôte. Parfois comparé à une cathédrale au regard de son importance dans la société, c'est un lieu magique, où naissent des légendes. Bien conçu, il peut aussi devenir le principal centre de divertissement polyvalent de la ville après les Jeux.

Durabilité, sécurité et plaisir des yeux sont aujourd'hui trois critères incontournables du cahier des charges d'un stade. Accessible au grand public et apprécié par celui-ci, un stade doit métamorphoser les infrastructures de la ville et peut donner un nouveau souffle aux quartiers en crise. La construction d'un stade olympique représente un défi de taille, que seule une équipe composée des meilleurs ingénieurs est à même de relever.

De nos jours, un stade s'apparente à un immense théâtre, où sont mis en scène des exploits héroïques. Fonction dramatique et proportions monumentales s'associent pour créer d'importantes structures locales.

Installation la plus vaste et la plus importante des Jeux, dotée de la plus grande capacité d'accueil, le stade principal accueille très souvent les épreuves d'athlétisme, sport qui a toujours été au cœur des Jeux Olympiques. Il sert généralement d'écrin aux cérémonies d'ouverture et de clôture, dont le caractère spectaculaire ainsi que les exigences techniques et structurelles se sont renforcés au fil du temps.

should be proud of it. However, it is vital that the facility never becomes a 'white elephant'. There must be a practical legacy that works long term for the city.

What Baron de Coubertin wrote in the *Olympic Review* in 1910 might still have resonance: 'It is for the Architects now to fulfil the great dream, to let soar from their brains a resplendent Olympia, at once original in its modernism and imposing in its traditionalism, but above all perfectly suited to its function. And who knows? Perhaps the hour will strike when the dream already committed to paper will be built in reality.'

What is vital now is for the host city to have a legacy use for the stadium after the Games are over. Stadiums will no longer be fixed monuments. They will need to be flexible and multipurpose. Location will be a critical factor, along with a credible transport provision.

History has many examples of both success and failure. Some stadiums have stood the test of time and are still functioning for the city. They have probably been extensively modernised and upgraded during their lifetime. Others are a little

used, perhaps due to a weak legacy or a failure to adapt. Some have completely vanished. And there is at least one example of an over-ambitious structure where the advanced technology relied upon proved to be inadequate in the longer term.

Stadiums today are tending to move from remote, out-of-town locations to more central areas. The construction of new stadiums, which can have a huge rejuvenating effect on neglected parts of the city, should be undertaken as part of broader mixed-use development projects. Weaving a massive new stadium into the fabric of a city is a really exciting challenge.

Connectivity to the urban fabric is a necessity, as is easy access to the public transport infrastructure. Modern stadiums often already incorporate hotels, shopping malls and retail centres around the periphery of the arena, which will often have an opening roof.

By 1960 the Paralympics were being held in the main Olympic stadium. The tradition of following the Summer Games immediately with the Paralympic Games, using the same venues and facilities, means that all Olympic stadiums have to be designed to meet

the needs of handicapped athletes and spectators alike.

Finally, consideration of what is generally classified as 'overlay' is vital to big events such as the Olympic Games. During the event, large spaces and temporary facilities are needed for TV and media, warm-up, security, feeding of athletes and officials. Well-designed and considered overlay should be an integral part of the stadium planning from the start.

The Bird's Nest, Beijing
—
Le Nid d'oiseau, Beijing

Ces manifestations organisés dans les stades olympiques modernes sont suivies par des milliards de téléspectateurs à travers le monde. Tous les quatre ans, le stade principal devient l'édifice le plus célèbre de la planète ainsi que la vitrine de la ville et du pays hôtes, voire un lieu emblématique. Citons, à titre d'exemple, l'illustre stade de Beijing (surnommé le « Nid d'oiseau »), construit à l'occasion des Jeux de 2008 et aujourd'hui une attraction touristique incontournable.

Intégrant les technologies les plus récentes, un stade olympique doit se démarquer des autres structures et faire la fierté de la ville. Néanmoins, il est crucial que cette installation ne se transforme pas en « éléphant blanc », mais qu'elle offre un héritage concret et durable pour la ville.

Les propos tenus en 1910 par Pierre de Coubertin dans la *Revue Olympique* trouvent un écho aujourd'hui encore : « Aux architect-es maintenant de réaliser le grand rêve, de faire jaillir de leur cerveau une Olympie resplendissante, à la fois originale dans son modernisme et imposante dans son tradition-alisme, mais surtout parfaitement appropriée à son rôle. Et qui sait ? L'heure sonnera peut-être où le rêve déjà noté sur le papier s'édifiera réellement. »

Aujourd'hui, le stade n'est plus un monument immuable, mais une installation flexible et polyvalente qui doit laisser un héritage à la ville hôte une fois les Jeux terminés. Le choix de l'emplacement et la prestation de services de transport dignes de ce nom sont deux critères essentiels.

L'histoire regorge d'exemples d'échecs et de réussites. Certains stades ont résisté à l'épreuve du temps et sont toujours exploités par la ville, probablement après avoir subi d'importants travaux de modernisation et de rénovation tout au long de leur vie.

D'autres ne servent guère, peut-être parce qu'ils sont difficilement réutilisables ou peu propices à la reconversion. D'autres encore ont entièrement disparu. L'histoire nous fournit au moins un exemple de structure par trop ambitieuse, où les technologies sophistiquées qui ont été employées se sont révélées inadaptées dans la durée.

Les stades tendent à migrer : auparavant excentrés, ils sont aujourd'hui davantage situés en centre-ville. Leur présence peut véritablement redynamiser certains quartiers délaissés. La construction d'un nouveau stade doit s'inscrire dans le cadre de projets de développement polyvalents de plus grande envergure. Réussir à intégrer ce type d'installation au tissu urbain est une tâche à la fois difficile et stimulante. Des hôtels, centres commerciaux et boutiques sont généralement prévus tout autour des stades modernes. La desserte par les transports publics est toutefois indispensable.

À partir de 1960, les Jeux Paralympiques se déroulent dans le stade olympique principal, juste après les Jeux Olympiques, sur les mêmes sites et avec les mêmes équipements, ce qui signifie que tous les stades olympiques doivent pouvoir accueillir des personnes en situation de handicap, qu'il s'agisse d'athlètes ou de spectateurs.

Enfin, il est indispensable de prendre en compte tout ce qui relève des « aménagements olympiques » dans le cadre de telles manifestations. De vastes espaces et des équipements temporaires dédiés à la télévision et aux médias, à l'échauffement, à la sécurité et à la restauration des athlètes et des officiels, sont nécessaires durant l'événement. Des aménagements olympiques bien conçus et bien pensés doivent être prévus dès les premières phases de la planification du stade.

LONDON

Justine Brian
Former Olympic volunteer
London, UK

Part of the success of the London 2012 Games was ascribed to the friendly crowd of volunteers who helped locals navigate temporary changes and visitors get to know the city.

"I was very aware of the Olympic Stadium being at the heart of the event. It was the object at the centre of the Olympic Park that defined the development of the site as a whole, and its final completion signified we were ready for 2012. For most people, I suspect it was the physical entity that made the Games seem real. I only saw the stadium occasionally as I was a driver for a member of the Romanian National Olympic Committee. I was responsible for driving him between sports venues for the duration of the Games.

It was a great experience. Aside from driving a brand new car, it was a general feeling of being part of a much larger whole. A grand endeavour with thousands of people contributing to one of those rare events in life, a shared global experience. And the Games were a great success. They ran well – I understand from people who know about these things that 2012 was considered an exemplary Games – but, more importantly than that, I think the UK public got behind them, on the whole, in a way that belied the often cynical sneering coverage in the run-up to them.

I might be biased as I was involved, but the very definite popular excitement that the Olympic Games had come to London didn't prevent the city from retaining its day-to-day nonchalance about life – I liked that. I recall lots of 2012 branding across the city, but the real change was the number of people one saw in various outfits and uniforms who were contributing to the Games outside the sporting arenas. And the mascots that popped up as 8ft statues – I remember those particularly well.

It's funny, but I haven't been back to the park since the Olympic Games, which is sheer laziness. The new transport links developed for the Games, including the London Overground, mean that getting to Stratford and East London is easier than ever. So I have no excuse really."

LONDRES

Justine Brian
Ancienne volontaire aux Jeux Olympiques
Londres (Royaume-Uni)

Une partie du succès des Jeux de Londres 2012 est attribuée à la foule amicale des bénévoles qui ont aidé les Londoniens à s'adapter aux changements temporaires et aux visiteurs à connaître la ville.

"Je savais que le stade olympique était la structure emblématique de l'événement. Situé en plein cœur du parc olympique, il a déterminé la construction de tout le reste du site. Une fois les travaux achevés, nous savions que nous étions prêts pour 2012. Je pense que pour beaucoup, c'est la structure physique qui a véritablement donné corps aux Jeux. Je suis passée plusieurs fois à côté; j'étais chauffeur pour un membre du Comité National Olympique roumain. Je devais assurer ses déplacements et ceux de son entourage entre les différents sites sportifs pendant toute la durée des Jeux.

J'en garde un excellent souvenir. Non seulement j'ai eu la chance de conduire une voiture flambant neuve, mais j'ai surtout eu le sentiment de vivre une formidable aventure collective. De participer, aux côtés de milliers d'autres gens, à l'un de ces événements si rares dans une vie, et de partager avec eux une expérience unique. Les Jeux Olympiques ont connu un vif succès. Tout s'est déroulé sans accroc – j'ai d'ailleurs su par des commentateurs spécialisés que l'organisation des Jeux de 2012 avait été jugée exemplaire – mais je pense que ce qui a vraiment fait la différence, c'est l'adhésion de toute la population britannique, qui est venue démentir les commentaires souvent teintés de cynisme et de mépris, publiés en amont de l'événement.

Je ne suis peut-être pas objective, étant donné que j'ai participé, mais j'ai eu l'impression que tous les Londoniens étaient ravis d'accueillir ces Jeux, sans pour autant que la ville ne perde sa nonchalance quotidienne. Cela m'a beaucoup plu. Je me souviens que de nombreuses publicités étaient affichées un peu partout dans la ville pour les Jeux de 2012; mais la grande nouveauté, c'étaient toutes ces personnes en uniforme et autres tenues spéciales qu'on pouvait croiser aux abords des installations sportives. Et les mascottes aussi, qui ont fleuri dans les rues de Londres, sous la forme de statues de 2 m 30 de haut. Elles m'ont particulièrement marquée.

C'est marrant, je ne suis pas retournée sur les lieux depuis. Pure paresse de ma part: avec les nouvelles infrastructures de transport construites pour les Jeux, dont le métro aérien, il est désormais possible de rejoindre Stratford et l'Est londonien en un rien de temps. Je n'ai donc aucune excuse."

London 2012

BERLIN

André Karsunky
Stadium guides team leader
Berlin, Germany

On the one hand the stadium for the 1936 Olympic Games represents some of the darkest episodes in Germany's history. Yet on the other it also hosted some of the country's most inspiring sporting moments.

"When I started working in 2006 as a tour guide at the Olympiastadion, I was still a student of history and political science in Potsdam. In addition, though, I am a real sports enthusiast so I thought it would be a perfect match. Stadium guides have to prepare themselves for the job by reading a number of books, but that is just for starters. For us it is also very important that the guide brings his or her own strengths and interests into the tours, whether that be in history, sport or architecture. Most of our guides are graduates in these subjects.

Also, the history of Berlin's Olympic Stadium is still in process because the stadium and its story changes with each big event. For example, the World Athletics Championships took place here in 2009, during which Usain Bolt broke the world record. There was also the U2 concert with more than 90,000 spectators and the opening match of the 2011 Women's FIFA World Cup, not to mention the visit of Pope Benedict in 2011 and the Champions League Final in 2015.

In my opinion, most visitors appreciate that the Olympiastadion Berlin represents a good compromise between the needs of a historic monument and the needs of a modern multi-functional arena. That makes the stadium for many visitors more special than other stadiums, because you cannot reduce it just to sports or just to history. It is the mixture of both components that makes the place unparalleled.

My favourite part of the stadium is definitely the Marathon Gate because the Olympic Games are still present there. This is where you can see the display boards naming all the gold medalists. Most important, of course, is the name of Jesse Owens, who stole the Nazis' show with his four gold medals and became the crowd favourite. It is also where you can see the tripod and cauldron where the Olympic flame was lit by Fritz Schilgen. And where you can get a great view in to the stadium.

We have 25 tour guides and we receive around 300,000 visitors every year."

BERLIN

André Karsunky
Chef d'équipe – Guides
Berlin (Allemagne)

Le stade des Jeux Olympiques de 1936 représente quelques-uns des épisodes les plus sombres de l'histoire de l'Allemagne; cela dit, il a également accueilli quelques-uns des meilleurs exploits sportifs que le pays ait connus.

"Quand j'ai commencé à travailler en tant que guide touristique au stade olympique en 2006, j'étais encore étudiant en histoire et sciences politiques à Potsdam. Comme j'étais aussi un fana de sport, je me suis dit que ce travail m'irait comme un gant. Pour être guide au stade olympique, il faut se préparer en lisant des livres, ce qui ne permet toutefois d'acquérir que les bases. Il est pour nous primordial que le guide étoffe ses visites en puisant dans ses propres connaissances et centres d'intérêt, comme l'histoire, le sport ou encore l'architecture. La plupart de nos guides sont diplômés dans l'une ou l'autre de ces matières.

Notons également que l'histoire du stade olympique de Berlin n'est pas figée dans le temps. Elle s'enrichit à chaque grand événement organisé dans ce lieu. Par exemple, lors des Championnats du Monde d'athlétisme en 2009, Usain Bolt a établi un nouveau record mondial. Le stade a également accueilli le concert de U2, réunissant plus de 90 000 spectateurs, et le match d'ouverture de la Coupe du monde féminine de football de 2011, sans parler de la visite du pape Benoît XVI la même année, ni de la finale de la Ligue des Champions en 2015.

Je pense que le stade olympique de Berlin est particulièrement apprécié, car il concilie les fonctions d'un monument historique à celles d'une arène polyvalente moderne. Il se démarque donc des autres stades aux yeux de nombreux visiteurs, car on ne peut pas le réduire à sa dimension sportive ou historique. Il allie ces deux facettes, ce qui le rend unique.

La partie du stade que je préfère est la porte de Marathon, car les Jeux Olympiques y sont encore présents. Le nom de tous les médaillés d'or y est inscrit, le plus important étant, bien évidemment, celui de Jesse Owens qui, avec ses quatre médailles d'or, a volé la vedette aux Nazis, suscitant ainsi l'engouement des spectateurs. C'est également à cet endroit que se trouvent le trépied et le chaudron où Fritz Schilgen procéda à l'allumage de la flamme olympique. Cette porte offre également un point de vue unique sur le stade.

Nous employons 25 guides touristiques et nous recevons quelque 300 000 visiteurs chaque année."

STADIUM STORY

Berlin's Olympiastadion, today

Le stade olympique de Berlin, aujourd'hui

SUSTAINABLE STADIUMS AND VENUES

STADES ET SITES DURABLES

MICHELLE LEMAÎTRE

In recent times, the classic stadium concept has been undergoing an evolution. From large permanent structures that host primarily single-sport events, the approach to stadium design, construction and operations is changing to embrace a more sustainable approach. This is in response to the needs and expectations of civil society, to limit the impact on the environment and its natural resources, and to enable stadiums to be more flexible and offer multipurpose solutions through the use of new technologies, materials and innovative thinking.

This change has also been reflected in the design of stadiums and venues for recent editions of the Olympic Games and is fully supported and promoted by the International Olympic Committee (IOC) through its documentation, seminars and workshops with the Olympic Games organisers. Today, sites are no longer developed solely with the Games in mind; planning has to address the use of these venues after the Games are finished.

Ces dernières années, le concept classique de stade a évolué. Les grandes structures permanentes qui accueillent principalement des compétitions dans un seul sport, ainsi que la conception, la construction et le fonctionnement des stades laissent la place à une approche plus durable. Ceci en réponse aux besoins et attentes de la société civile, afin de limiter l'impact sur l'environnement et ses ressources naturelles, et d'avoir des stades plus polyvalents grâce à l'utilisation de nouvelles technologies, de nouveaux matériaux et d'idées innovantes.

Ce changement se reflète également dans la conception des stades et autres sites utilisés pour les récentes éditions des Jeux Olympiques. Il est pleinement soutenu et encouragé par le Comité International Olympique (CIO) par le biais de documents, mais aussi de séminaires et ateliers tenus avec les organisateurs des Jeux Olympiques. Aujourd'hui, les sites ne sont plus uniquement conçus pour répondre aux besoins pendant les Jeux, mais aussi en fonction des besoins post-olympiques.

Sydney 2000: In Sydney's Homebush Bay, a large expanse of heavily polluted land which had previously been used as an abattoir and an industrial dumping ground, was rehabilitated and transformed into the Olympic Park site for the Olympic Games.
—
Sydney 2000: À Homebush Bay, une vaste étendue de terres fortement polluées, qui était utilisée auparavant comme abattoir et décharge industrielle, a été réhabilitée et transformée pour accueillir le parc olympique des Jeux.

Location

A significant opportunity for a long-term legacy is the choice of a contaminated 'brownfield' site, an underused former industrial area or an abandoned commercial or industrial zone common in many large cities. The choice to clean up, revitalise and even naturalise such a site, although challenging, represents a major opportunity for an Olympic Games venue location and for sustainable development. An important element that must be taken into consideration when selecting a suitable location is the provision of public transport to the site, either in the form of existing services or the potential to add further services where the requirements are not fully met.

Emplacement

Choisir une friche industrielle contaminée, un ancien terrain industriel sous-exploité ou encore une zone commerciale ou industrielle abandonnée, comme cela est souvent le cas dans de nombreuses grandes villes, constitue une excellente occasion de laisser un héritage à long terme. La décision de nettoyer, revitaliser voire naturaliser un tel terrain, même si elle relève de la gageure, représente une occasion unique d'y installer un site pour les Jeux Olympiques et pour un développement durable. Un élément important à prendre en considération lors du choix d'un emplacement approprié pour un site olympique est la desserte par les transports publics, qu'ils soient déjà existants ou qu'il faille fournir des services supplémentaires.

Vancouver 2010: The Vancouver Convention Centre, which housed 10,000 journalists during the 2010 Games, and its living roof. Vancouver was the first Olympic host city to ensure that all buildings constructed for the 2010 Winter Games achieved Leadership in Energy and Environmental Design (LEED) silver certification.
—
Vancouver 2010: Le Centre des congrès de Vancouver, qui a accueilli 10 000 journalistes durant les Jeux de 2010, et son toit végétalisé. Vancouver était la première ville hôte à s'assurer que tous les bâtiments construits pour les Jeux d'hiver de 2010 obtiennent la certification écologique LEED argent.

Permanent vs temporary

For an Olympic Games Organising Committee (OCOG), the host city government and related venue communities and authorities, the question of temporary versus permanent venue solutions is a complex one that must be approached pragmatically. Recent improvements in the quality, availability and cost of temporary venue structures and overlay solutions present the OCOG and host city with a greater diversity of choices, thus allowing for the design of something closer to an optimal solution.

Site permanent ou temporaire

Pour un comité d'organisation des Jeux Olympiques (COJO) ainsi que pour les autorités de la ville hôte et des autres communes accueillant ces sites, la question de solutions permanentes ou temporaires est complexe et doit être examinée de manière pragmatique. Les progrès accomplis récemment en termes de qualité, de mise à disposition et de coût des structures temporaires et autres aménagements olympiques des sites offrent un choix plus large au COJO et à la ville hôte, permettant ainsi la conception d'une solution optimale.

Green building practices

The built environment has a significant impact on the natural environment, economy, human health and productivity. Green buildings (also called 'high performance buildings') can provide environmental, economic, human health and community benefits. Designed and constructed with sustainability in mind, they can enhance and protect ecosystems and biodiversity, conserve natural resources, reduce waste and improve air and water quality. From an economic perspective they can reduce operating costs and optimise life-cycle cost performance.

Materials

Most nationally and globally recognised 'green building' certification systems will place a significant value on sourcing materials that are sustainably harvested/obtained, manufactured, transported and ultimately recycled or disposed of. Some OCOGs may choose to add to this a 'buy local' element, or perhaps to favour sourcing from historically marginalised groups such as indigenous populations. Whatever form of 'ethical sourcing' policy is adopted, it is essential to balance the intended ethical or socially responsible outcomes with the reality of cost, reliability of supply and performance.

Accessibility

Accessibility to people of all physical abilities is an important element of venue design and operation. Venue designers should work closely with consultants who have expertise in the field of accessible design and work to ensure a seamless flow of accessibility from information systems through transport, to security, and ultimately to the full use and enjoyment of venues for athletes, officials and spectators alike.

Pratiques d'écoconstruction

L'environnement bâti a un impact important sur l'environnement naturel, mais aussi sur l'économie, la santé humaine et la productivité. Les bâtiments écologiques (également appelés « bâtiments à haute performance énergétique ») peuvent apporter des bienfaits sur les plans environnemental et économique, mais aussi pour la santé humaine et la communauté. Conçus et construits dans un esprit de développement durable, ils peuvent renforcer et protéger les écosystèmes et la biodiversité, conserver les ressources naturelles, réduire les déchets et améliorer la qualité de l'air et de l'eau. D'un point de vue économique, ils peuvent réduire les frais de fonctionnement et les coûts du cycle de vie.

Matériaux

La plupart des systèmes de certification nationaux et internationaux d'écoconstruction accordent une grande importance aux matériaux provenant de sources durables, et fabriqués, transportés puis recyclés et éliminés en respectant l'environnement. Certains COJO choisissent d'y ajouter un critère de « provenance locale » ou encore de favoriser un approvisionnement auprès de groupes historiquement marginalisés tels que les populations indigènes. Quelle que soit la politique adoptée en matière d'approvisionnement éthique et socialement responsable, il est essentiel de trouver un équilibre entre les résultats escomptés et la réalité des coûts, la fiabilité de l'approvisionnement et le rendement.

Accessibilité

L'accessibilité à tous, quelles que soient les capacités physiques, est un élément important de la conception et du fonctionnement des sites. Les concepteurs devraient coopérer étroitement avec des consultants qui ont l'expérience dans ce domaine afin de garantir l'accessibilité à tous les niveaux (information, transport, sécurité), pour qu'athlètes, officiels et spectateurs puissent profiter pleinement des sites.

Vancouver 2010: The International Broadcast Center (IBC) under construction in 2008
—
Vancouver 2010: Le Centre international de Radio-Télévision (CIRTV) en construction en 2008

Today, sites are no longer developed solely with the Games in mind; planning has to address the use of these venues after the Games are finished. Aujourd'hui, le sites ne sont plus uniquement conçus pour répondre aux besoins pendant les Jeux, mais aussi en fonction des besoins post-olympiques.

Sustainability and the Olympic Movement

Although the Olympic Games had taken symbolic steps to support the environmental movement as early as 1972, the IOC's approach changed dramatically after the landmark 1992 United Nations Conference on Environment and Development – commonly known as the first 'Earth Summit'. Two years later, in 1994, the Centennial Olympic Congress focused on environment becoming the third pillar of Olympism, along with sport and culture. The Olympic Charter was amended to clearly engage the IOC to 'encourage and support a responsible concern for environmental issues, to promote sustainable development in sport and to require that the Olympic Games be held accordingly'.

Today, sustainability is an integral part of Games planning and operations, from the start of the bid phase through to the post-Games legacy phase. Advances and awareness in life-cycle planning, sustainable building design, construction materials, carbon management and other sustainable innovations are becoming standard elements of Games planning and staging, setting an example and encouraging others to think in the long term and operate in a sustainable manner.

Under the leadership of President Bach, the IOC reaffirmed its commitment to environmental protection and sustainable development in its Olympic Agenda 2020, a strategic roadmap for the future of the Olympic Movement that was unanimously approved during the IOC's 127th Session held in Monaco in December 2014. The 40 detailed recommendations that make up the Olympic Agenda 2020 provide the Olympic Movement with a clear vision of where it is headed and how it can protect the uniqueness of the Games and strengthen Olympic values in society. Sustainability and environmental concerns are embedded in many of the 40 recommendations. Recommendations 4 and 5, however ('Include sustainability in all aspects of the Olympic Games' and 'Include sustainability within the Olympic Movement's daily operations'), specifically highlight the importance of these topics for the Olympic Movement and its future.

For more information: www.olympic.org/sustainability; http://www.olympic.org/olympic-agenda-2020

La développement durable et le Mouvement olympique

Bien que le CIO ait pris des mesures symboliques aux Jeux Olympiques pour soutenir le mouvement écologiste dès 1972, il modifie en profondeur son approche après la Conférence des Nations Unies sur l'environnement et le développement en 1992 – plus connue sous le nom de premier « Sommet de la Terre ». Deux ans plus tard, en 1994, le Congrès olympique du Centenaire établit l'environnement comme troisième pilier de l'Olympisme aux côtés du sport et de la culture. La Charte olympique est ainsi amendée pour engager clairement le CIO à « encourager et soutenir une approche responsable des problèmes d'environnement, promouvoir le développement durable dans le sport et exiger que les Jeux Olympiques soient organisés en conséquence ».

Aujourd'hui, la développement durable fait partie intégrante de la planification et des opérations des Jeux, du début de la phase de candidature jusqu'à l'héritage post-olympique. Le progrès et la sensibilisation à la planification du cycle de vie, à la conception de bâtiments et de matériaux de construction durables, à la gestion des émissions de carbone et autres innovations en termes de développement durable deviennent la norme en ce qui concerne la planification et le déroulement des Jeux, montrant ainsi l'exemple et encourageant les autres à penser à long terme et à agir de manière durable.

Sous la conduite du président Bach, le CIO a réaffirmé son engagement en faveur de la protection de l'environnement et du développement durable dans son Agenda olympique 2020, la feuille de route stratégique pour l'avenir du Mouvement olympique, qui a été approuvé à l'unanimité durant la 127e Session du CIO tenue en décembre 2014 à Monaco. Les quarante recommandations détaillées qui constituent l'Agenda olympique 2020 montrent clairement au Mouvement olympique la direction à prendre et comment il peut préserver le caractère unique des Jeux et renforcer les valeurs olympiques dans la société.

Le développement durable et les questions environnementales figurent dans bon nombre de ces quarante recommandations. La recommandation n°4, « Inclure la durabilité dans tous les aspects des Jeux Olympiques », et la recommandation n°5, « Inclure la durabilité dans le fonctionnement quotidien du Mouvement olympique », soulignent plus particulièrement l'importance de ces thèmes pour le Mouvement olympique et son avenir.

Pour plus d'informations : www.olympic.org/developpement-durable; www.olympic.org/agenda-olympique-2020

'IN COUBERTIN'S SHOES' SERIOUS GAME

Through a series of questions, answers and comments, the player – who is Pierre de Coubertin's double – talks to different people: the mayor of the host city, the architect, the IOC and the local citizen. Following the principle of 'playing to understand', as the game progresses, he gets a better idea of what building a sustainable Olympic stadium means, for the needs of the Games themselves, obviously, but also for afterwards.

PLAY IT HERE:
http://www.olympic.org/museum/interactive-documentary/stadium/

SERIOUS GAME « COUBERTIN... À LA RECHERCHE DU STADE DURABLE »

Par un jeu de questions, réponses, commentaires, le joueur – qui est le double de Pierre de Coubertin – dialogue avec différents acteurs de terrain : le maire de la ville hôte, l'architecte, le CIO, et le citoyen de la ville. Selon le principe 'jouer pour comprendre', au fur et à mesure du jeu il perçoit de mieux en mieux ce que signifie construire un stade olympique durable, pour les besoins des Jeux bien sûr, mais au-delà aussi.

POUR JOUER:
http://www.olympic.org/fr/musee/documentaire-interactif/stade/

Vancouver 2010: The International Broadcast Center (IBC) under construction in 2008
–
Vancouver 2010: Le Centre international de Radio-Télévision (CIRTV) en construction en 2008

PLAYING WITH THE URBAN FABRIC

JOUER AVEC LE TISSU URBAIN

TIM ABRAHAMS

Putting on the largest sporting event in the world is not easy. Especially given the fact that the people who do it – this group of politicians, administrators, planners and specialists who are thrown together – are generally, although not exclusively, doing it for the first time. Of course, they will call on experts to help them do it, but the main decisions they will make will be governed by what they feel is best for their city based on a historical reading of what has and hasn't worked for previous host nations. The stadium, though, sits at the very heart of this process and is determined by a range of concerns that includes the future of different sports and plans for a city's future.

So what decisions do these people make, and how complex has the decision-making process become? It all used to be relatively easy. The first modern Games, held in Athens in 1896, had 241 competitors. This figure rose steadily throughout the 20th century so that, by 1960, when the Games were held in Rome, there were 1,016 competitors. Recently, however, that number has exploded. A total of 10,700 athletes competed at the London Games in 2012. Hosting all these competitors is much more complex in the modern era as well.

The first Games in 1896 already had the Panathenaic Stadium, first opened in 566 BC. Although the stadium was thousands of years old and obviously needed a spot of renovation, it was an anchor for the event. In fact, the first Olympic Games were seen by some in Greece as a reason to renovate the ancient stadium rather than the other way round. Regardless of the ultimate intention, though, the decision on where to put it and what it should look like had largely already been taken – the rest of the Games fitted around it.

Il n'est pas simple d'organiser le plus grand événement sportif du monde. D'autant qu'à quelques exceptions près, il s'agit généralement d'une première pour les personnes à qui la tâche est confiée – à savoir les hommes politiques, administrateurs, urbanistes et spécialistes réunis au sein d'une même équipe. Bien entendu, ceux-ci se font aider par des experts, mais les principales décisions sont prises en fonction de ce qu'ils estiment préférable pour leur ville. Pour ce faire, ils s'appuient sur une lecture historique de ce qui a fonctionné ou non dans les pays hôtes des éditions précédentes. Le stade se trouve au cœur même de ce processus, et sa conception est influencée par de nombreuses préoccupations, comme le devenir des différents sports et les projets d'avenir de la ville.

Quelles sont donc les décisions prises et dans quelle mesure le processus décisionnel s'est-il complexifié ? Avant, tout était relativement simple. Les premiers Jeux de l'ère moderne organisés à Athènes en 1896 comptent 241 concurrents. Leur nombre augmente progressivement tout au long du XXe siècle, si bien qu'en 1960, aux Jeux de Rome, ils sont 1 016. Toutefois, ce nombre a récemment explosé. Au total, 10 700 athlètes ont participé aux Jeux de Londres 2012. L'accueil de tous ces compétiteurs est également bien plus complexe à l'ère moderne.

Les premiers Jeux de 1896 sont déjà dotés du Stade panathénaïque, inauguré en 566 av. J.-C. Même si ce stade

As the Olympic event has scaled up dramatically in recent years, stadiums now have much larger impacts on the parts of cities that host them. This is seen by most as a positive attribute of the Games, even if the host city is largely responsible for building and staging the event. As well as offering the chance to showcase a city to the world, the Games also provide an opportunity to concentrate efforts on building whole new sections of cities. As Eduardo Paes, Mayor of Rio, puts it: 'Hosting the Olympic Games of course guarantees the world's attention, but there is more to it than simply bathing in the global spotlight. Most importantly, host cities can use the opportunity to create a positive and lasting legacy.'

The stadium – as the largest piece of infrastructure and symbol of the wider event – sits at the heart of this process. So whilst there are a huge number of factors that determine the planning of any sports stadium, such as the need to offset the owners' desire to maximise profit with the spectators' need for a good view, and reconciling the need for unimpeded access for the spectator with the needs of the athlete, for the Olympic Games there are even greater considerations. These must inform the masterplan so that the experience of the sport is the best it can be, both before the Games and after.

a été construit quelques milliers d'années auparavant et qu'il a bien évidemment besoin de quelques travaux de rénovation, il constitue la pierre angulaire de l'événement. Certains en Grèce estiment même que ces premiers Jeux Olympiques sont un motif pour rénover le stade antique plutôt qu'une occasion de raviver la tradition. Toutefois, quelle que soit la véritable intention, la décision concernant la ville organisatrice et la forme des Jeux est déjà largement actée – et le reste de l'événement est organisé en fonction.

Alors que les Jeux ont considérablement gagné en envergure lors des dernières éditions, les stades laissent désormais des traces bien plus profondes sur les quartiers qui les accueillent. Cet aspect des Jeux est généralement considéré comme positif, même si la ville hôte est en grande partie responsable de l'organisation et de l'accueil de l'événement. Toutefois, les Jeux ne sont pas seulement l'occasion de présenter une ville au monde entier; ils offrent également la possibilité de bâtir des quartiers totalement nouveaux. Comme le dit Eduardo Paes, le maire de Rio : « l'Organisation des Jeux Olympiques permet bien entendu de s'attirer les regards du monde entier, mais il ne s'agit pas seulement de se retrouver sous le feu des projecteurs. Le plus important, c'est que les villes hôtes saisissent cette occasion pour laisser un héritage positif et durable. »

Le stade – en tant qu'infrastructure principale et symbole de l'événement au sens large – est au cœur de cette démarche. Optimiser la rentabilité tout en garantissant une bonne visibilité, favoriser l'accès des spectateurs sans entraver les besoins des athlètes : la planification de n'importe quel stade dépend d'un très grand nombre de facteurs. Cependant, des considérations autrement plus importantes entrent en jeu dans le cadre des Jeux Olympiques. Il convient d'en tenir compte dans le plan directeur afin d'améliorer au maximum l'expérience sportive, tant avant qu'après les Jeux.

Athens 1896: A general view of the Panathenaic Stadium

—

Athènes 1896: Vue générale du Stade panathénaïque

Work in progress on the Panathenaic Stadium, the main venue for the 1896 Olympic Games
—
Travaux en cours au Stade panathénaïque, le site principal des Jeux Olympiques de 1896

COMPETE NOT COMMUTE

It used to be the case that the positioning of a stadium was determined on an orientation that was suitable for the athletes. It was common industry knowledge that a stadium whose field of play was on a north-south axis was far better than one on an east-west orientation. This was largely to prevent goalkeepers or long jumpers getting the light of a low sun in their eyes on winter afternoons which would inhibit their performance. This has become less of an issue as modern stadiums now have higher stands which block out the sun. Indeed, the concern for athletes now is the effect that shadow has on the field of play, particularly for team sports. Christopher Lee, Senior Principal at the firm Populous, which specialises in the design of sports venues and their masterplanning, worked on the design of the stadium for the Sydney Olympic Games in 2000. "LED grow lights have made this much less costly and much less unsustainable," he says.

The size, scale and form of stadiums have thus been liberated to a degree. However, anyone designing a stadium must still be aware of the shadow cast by stands. This is not for the sake of the athletes. As Lee explains, creating a consistent quality of light is important for TV cameras:

MINIMISER LE TRANSPORT AU PROFIT DE LA COMPÉTITION

Avant, le stade était positionné selon une orientation favorable aux athlètes. Il est de notoriété publique dans le secteur qu'une orientation nord-sud de l'aire de compétition est largement préférable à une orientation est-ouest. L'objectif est principalement d'éviter que les gardiens de but ou les athlètes de saut en longueur ne soient éblouis par la lumière du soleil bas des après-midi d'hiver, ce qui risquerait de nuire à leurs performances. L'orientation est beaucoup moins importante aujourd'hui, dans la mesure où les stades modernes sont dotés de tribunes plus hautes, qui font barrage aux rayons du soleil. Aujourd'hui les athlètes se préoccupent plutôt des ombres projetées sur le terrain, plus particulièrement dans les sports d'équipe. Christopher Lee, directeur du cabinet d'architecture Populous, spécialisé dans la conception et la planification de sites sportifs, a travaillé sur la conception du stade des Jeux Olympiques de Sydney 2000. « Les éclairages horticoles à LED ont rendu l'exercice beaucoup moins coûteux et beaucoup plus durable », déclare-t-il.

À cet égard, les architectes jouissent désormais d'une plus grande liberté quant à la taille, à l'envergure

Sydney 2000: General view of the Olympic
Stadium (with extended seating)
—
Sydney 2000: Vue générale du
stade olympique (avec les tribunes
supplémentaires)

'Shadows are more important than ever and that has everything to do with broadcast. If you have very bright areas and very dark areas, it is difficult for the cameras to deal with the contrast. Gradations are important so that little shadow falls on the pitch, which is the solution we went for in Sydney, but in other climates it is better to have it all in shadow.'

The athletes and sportspeople are, of course, the most significant user group to consider when designing the field of play. A football stadium architect, for example, will need to consider how to get 22 players from the changing rooms to the pitch and back again at set times. For an Olympic stadium, though, the situation is different. 'There is no more intensive use of a sports field than a day of Olympic track and field', says Lee. This indeed partially accounts for the scale of a stadium. Only 12 events were held at the first Olympic Games (when, in addition, women were ineligible), whereas in London there were 48 events. Extra storage for equipment, extra changing and extra warm-up spaces in secondary areas away from the field of play all account for the increasing size and complexity that must now be managed.

This is significant for an Olympic stadium, which not only hosts the athletics events but also the opening and closing ceremonies (although this was not the case in Rio). Asked to define what makes an Olympic stadium different from other stadiums, Lee uses the phrase 'intensity of use'. 'In an Olympic stadium there is a press contingent, but there are also broadcast media. There are the thousands of athletes, all with individual requirements, and there are also the bigwigs from the International Olympic Committee. On top of that, there are the sponsors' requirements. Designing becomes about managing the logistics, those groups, how they move and where they want to interact and where they don't', he says. Creating a form for the building is secondary to planning these complex flows of movement.

The hyper-intensive usage that an Olympic stadium undergoes during Games time is actually becoming the norm for other big stadiums, too. In Rio, between 2010 and the end of 2016, the Maracanã will not only have been utterly overhauled, its two-tier seating bowl being smoothed out to a single one and a new roof added, it will also have hosted seven games during a World Cup, including the final, as well as the opening and closing ceremonies of the Olympic Games. In addition, it will have continued to be the home stadium to Flamengo and Fluminense, two of the largest football teams in terms of supporter numbers in Brazil.

Although Paes may sigh, 'Don't ever in your life do a World Cup and the Olympic Games at the same time. This will make your life almost impossible', this intensive usage is in fact becoming more common. Whilst the field of play

et à la forme des stades. Toutefois, quiconque souhaite concevoir un stade doit toujours tenir compte des ombres projetées par les tribunes, même si ce n'est plus pour le bien-être des athlètes. Christopher Lee explique qu'une qualité de lumière uniforme est essentielle pour les caméras de télévision. « Les ombres comptent plus que jamais, exclusivement pour la retransmission télévisée des épreuves. Si certaines zones sont très éclairées et d'autres très sombres, les caméras ont du mal à gérer le contraste. Les gradations sont importantes pour que le terrain comporte peu d'ombre. C'est la solution que nous avons choisie pour Sydney, mais il est préférable qu'il soit entièrement ombragé sous certains climats », précise-t-il.

Les athlètes et les sportifs forment bien entendu le principal groupe à prendre en compte pour l'utilisation de l'aire de compétition. Dans le cas d'un stade de football, par exemple, il faut réfléchir à la manière dont les 22 joueurs vont passer des vestiaires au terrain et inversement aux moments prévus. En revanche, la situation est différente dans le cas d'un stade olympique. « Un terrain de sport n'est jamais autant utilisé que le jour d'épreuves olympiques d'athlétisme », affirme Christopher Lee. Cela explique en partie les dimensions d'un stade. Les premiers Jeux Olympiques ne comptaient que 12 épreuves, uniquement masculines, alors que les Jeux de Londres 2012 en comptaient 48, masculines et féminines. La nécessité de prévoir des salles de stockage pour les équipements, des vestiaires et des espaces d'échauffement supplémentaires dans les zones annexes situées à l'écart de l'aire de compétition explique les dimensions et la complexité accrues auxquelles il faut faire face aujourd'hui.

Ceci est important pour un stade olympique, qui accueille non seulement les épreuves d'athlétisme, mais également les cérémonies d'ouverture et de clôture (bien que ce ne fût pas le cas à Rio). Lorsqu'on lui demande de définir ce qui différencie un stade olympique des autres stades, Christopher évoque l'« intensité d'utilisation ».

« Un stade olympique accueille non seulement les journalistes de presse, mais également la télévision et la radio, des milliers d'athlètes avec chacun leurs exigences, et les sommités du Comité International Olympique. Il faut également tenir compte des conditions définies dans les accords de partenariat. La conception du stade consiste alors à gérer la logistique, l'ensemble de ces groupes, leurs modalités de déplacement, ainsi que les endroits où ils souhaitent et ne souhaitent pas se rencontrer », ajoute-t-il. La forme du bâtiment n'est imaginée qu'après la planification de ces flux complexes.

L'utilisation hyper-intensive du stade olympique durant la période des Jeux a tendance à se normaliser pour

did not have to change – the athletics having been hosted at the revamped João Havelange Stadium – the sheer scale of the Maracanã made it perfect for the provision of extra facilities such as FIFA and the IOC require. Smaller-scale stadiums such as the Weston Homes Community Stadium in Colchester in the United Kingdom provide important conference and trade exhibition facilities alongside their sport provision.

In fact, the stadium becomes a microcosm of the wider planning for the Olympic Games. Alison Nimmo was Design and Regeneration Director at the Olympic Delivery Authority in London. She says: '"Athletes should compete not commute" became a mantra. We'd looked at previous Games and agreed that this aspect was the strength of Sydney. We knew there was going to be a lot of travel for London because of the nature of the city, but having the village on the site helped address this. We were aware that transport was initially a weakness in our bid because London's transport is so busy but, by focusing on the issue, it became a strength.'

Having worried about the sprawl of rail lines converging at nearby Stratford station affecting the site, the bid document promised a major upgrade to the station, thereby placing it in direct reach of one third of all stations on the London Underground. The impact of the Games on city governance can be very positive. The concerns led to the creation of a more centralised system of transport management in London, and an effective analysis showed that diverting resources to ensure the smooth running of particular lines meant that the system not only held up but became part of the event. One of the most memorable moments of London 2012 were the pictures of Venezuelan fencer Rubén Limardo riding home on the Tube, with his gold medal around his neck.

CIRCUS FAIRGROUNDS AND SUMMER FAIRS?

In the early years of the Olympic Movement, it was relatively easy to balance the needs of the Games with future uses. In the early 20th century, cities needed new athletics facilities and the scale of the Games was commensurate with the kind of crowd levels that the facilities, particularly the stadium, might expect to address after the Games. At the 1912 Games in Stockholm, for example, although a new stadium was built for the Games, the audience capacity was relatively small, at 20,000. The *Official Report* notes that, 'as regards the care of the Stadium after the close of the Olympic Games of 1912, it is proposed that the

les autres grands stades. Entre 2010 et la fin 2016, le stade Maracanã de Rio a non seulement été entièrement réaménagé, avec la fusion de sa tribune à deux niveaux en un seul et l'ajout d'un nouveau toit; il a également accueilli sept matchs de Coupe du Monde, finale comprise, ainsi que les cérémonies d'ouverture et de clôture des Jeux Olympiques. En outre, il n'a cessé d'accueillir les Flamengo et les Fluminense, deux des plus grandes équipes de football du Brésil à en juger par le nombre de supporters. « N'organisez jamais une Coupe du Monde et les Jeux Olympiques en même temps. Cela vous rendra la vie quasiment impossible », nous conseille Eduardo Paes. Dans la réalité, cette utilisation intensive est devenue monnaie courante. Les dimensions du stade Maracanã en ont fait le lieu idéal pour l'aménagement des installations supplémentaires exigées par la FIFA et le CIO. Les épreuves d'athlétisme des Jeux ayant été organisées ailleurs, dans le stade rénové João Havelange, l'aire de compétition du Maracanã n'a eu besoin d'aucune modification. Des stades de moindre envergure, comme le *Weston Homes Community Stadium* de Colchester, au Royaume-Uni, accueillent des conférences et des salons, outre des manifestations sportives.

En réalité, le stade devient un microcosme de la planification des Jeux Olympiques dans leur ensemble. Alison Nimmo était directrice de la conception et de la rénovation au sein de l'*Olympic Delivery Authority*, l'autorité chargée de la livraison des sites, à Londres 2012. Elle explique : « Notre objectif prioritaire était de permettre aux athlètes de se concentrer sur la compétition, sans passer leur temps dans les transports. Nous nous sommes penchés sur des éditions précédentes des Jeux et nous avons convenu que cet aspect était le point fort de Sydney. Nous savions qu'en raison de la nature de la ville, à Londres il y aurait beaucoup de déplacements, mais le fait d'avoir le village sur place nous a aidés à contourner ce problème. Nous avions conscience que les transports, extrêmement fréquentés à Londres, étaient initialement l'un des points faibles de notre candidature, mais nous nous sommes efforcés d'en faire un atout. »

En réponse à l'aspect tentaculaire du réseau ferroviaire convergeant vers la gare voisine de Stratford, le dossier de candidature promettait une modernisation importante de la gare, afin de la mettre en liaison directe avec un tiers des stations du réseau de métro londonien. Les conséquences des Jeux sur la gouvernance d'une ville peuvent ainsi être très positives. À Londres, ces préoccupations ont conduit à la création d'un système de gestion des transports plus centralisé; selon une analyse, la réaffectation de certaines ressources afin de garantir le bon fonctionnement de lignes spécifiques n'a pas

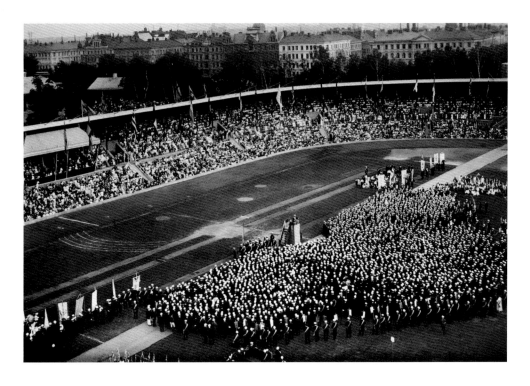

Stockholm 1912: View of the stadium built
for the Olympic Games
—
Stockholm 1912: Vue du stade construit
pour les Jeux Olympiques

building, placed in the hands of the Central Association [for the Promotion of Athletics], shall be so managed as to be accessible to the public at as low a figure as possible and, to a certain extent, free of charge for school-children.'

These were simpler times of course. The swimming events in Stockholm took place in a sea-channel which separated the city from one of its many surrounding islands, and seating was erected in an adjacent park. The stadium was permanent and, with around 20,000 seats, still provides just the right scale for important athletics events. Even today, it hosts a famous annual one-day event that is part of the International Association of Athletics Federations (IAAF) Diamond League, the world's most prestigious one-day meeting circuit.

But the popularity of the Olympic Games as an event and as a spectacle has far outstripped not only the popularity of athletics but also of other events such as

seulement montré que le système était exploitable, mais qu'il faisait également partie intégrante de l'événement. Les images de l'escrimeur vénézuélien Rubén Limardo rentrant en métro avec sa médaille d'or autour du cou restent l'un des moments les plus mémorables des Jeux Olympiques de Londres 2012.

CIRQUES ET FOIRES ESTIVALES ?

Les premières années du Mouvement olympique, il est relativement facile de concilier les besoins des Jeux avec les utilisations futures. Au début du XXᵉ siècle, les villes se dotent de nouvelles installations d'athlétisme et l'envergure des Jeux est proportionnelle à l'affluence attendue dans les installations, notamment le stade, une fois l'événement passé. Ainsi, le nouveau stade construit à l'occasion des Jeux de Stockholm 1912 ne compte que 20 000 places assises. D'après le *Rapport officiel*, « pour ce qui est de la gestion du stade après la clôture des Jeux Olympiques de 1912, il est proposé que le bâtiment soit confié à l'Association centrale [de promotion de l'athlétisme], et qu'il soit géré de manière à être accessible au public à un coût le plus modéré possible et, dans une certaine mesure, à être gratuit pour les écoliers ».

Bien entendu, tout est plus simple à cette époque. À Stockholm, les épreuves de natation se déroulent dans un bras de mer qui sépare la ville d'une des nombreuses

Montreal 1976: The stadium as it stood for the Games, with uncompleted tower
—
Montréal 1976: Le stade tel qu'il était pour les Jeux, sans la tour

Plan of the London 2012 Olympic Stadium
—
Schéma du stade olympique de Londres 2012

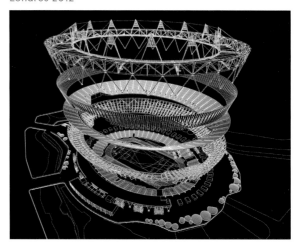

swimming and rowing, which have been Olympic events from the beginning. This is partly because the Games have grown in their scope. The first Games featured nine sports, whilst the Rio Games in 2016 featured 28. However, it also suggests that there is something unique and special about the Olympic Games which relates not simply to its artistic values.

And this is one of the simple truths of the Games. Early in the 20th century, the founder of the Olympic Games, Baron de Coubertin, said: 'It is primarily through the ceremonies that the Olympiad must distinguish itself from a mere series of world championships.' In this the Games have been successful, distinguishing themselves by creating an event that represents more than just the sports that they host: an event that not only represents but also enacts the coming together of nations and individuals striving to outstrip expectations in a spirit of fraternity.

Yet the Games, so successful have they become, demand an infrastructure that will never again be used with the same intensity. The Olympic stadium can never expect another crowd of around 70,000 to watch athletics after the Games. This has led to difficult situations in the past, where memories of tremendously successful Games such as those in Montreal in 1976 are tainted by the presence of large stadiums that never find a lasting tenant. Montreal's Olympic Stadium, although it is an astonishing piece of architecture, adorned with a tower that draws in the tourists, now has no regular sport taking place in it.

îles environnantes et les tribunes sont érigées dans un parc adjacent. Le stade est permanent et, avec le nombre de places assises, il permet d'organiser de grandes manifestations d'athlétisme. Aujourd'hui encore, il accueille un célèbre événement se déroulant sur une journée dans le cadre de la Ligue de diamant de l'Association internationale des fédérations d'athlétisme (IAAF), le circuit de meetings d'athlétisme le plus prestigieux au monde.

Toutefois, la popularité des Jeux Olympiques, en tant qu'événement sportif et en tant que spectacle, dépasse largement celle de l'athlétisme et d'autres disciplines comme la natation ou l'aviron, qui sont inscrites depuis toujours au programme des Jeux. Cela est notamment dû au fait que les Jeux ont gagné en envergure. Les premiers Jeux comptaient neuf sports, contre 28 pour les Jeux de Rio 2016. Toutefois, cette supériorité souligne également le caractère unique et particulier des Jeux Olympiques, qui n'est pas seulement lié à ses valeurs artistiques.

Il s'agit là d'un principe fondamental des Jeux. Au début du XXe siècle, le baron Pierre de Coubertin, rénovateur des Jeux Olympiques, disait : « Le chapitre des cérémonies est, on le comprend, l'un des plus importants à régler. C'est par là surtout que l'Olympiade doit se distinguer d'une simple série de championnats mondiaux. » Les Jeux y sont parvenus, en devenant un événement dont la portée dépasse largement celle des sports inscrits au programme; un événement qui non seulement symbolise, mais aussi incarne le rassemblement de nations et d'individus s'efforçant de repousser sans cesse leurs limites, dans un esprit de fraternité.

Toutefois, malgré leur succès, les Jeux nécessitent une infrastructure qui ne sera plus jamais utilisée aussi intensément. Une fois les Jeux terminés, le stade olympique n'aura plus l'occasion d'accueillir une foule

The stadium for the Sydney 2000 Games was an attempt to redress this balance. Although it provided 117,000 seats during the Games, its post-Games capacity was around 81,000. The architects Populous, working as part of a consortium led by construction firm Multiplex, designed a stadium with stands under grand arches. To that they added two big wings which, after the Games, were removed allowing the roof to be finished. Interestingly, the adaptable part of the stadium was put in by Multiplex at no extra cost. 'The lower tier of the stadium was built on steel tracks and you can hook it up to a tractor and pull the seating out. They can do it in four hours now. They can then create a four-sided rectilinear sports stadium for soccer, rugby league and rugby union,' explains architect Christopher Lee.

Thinking about how a stadium can be adapted has led to a wholesale rethinking of the way that the Games are planned. Since Sydney 2000, the term 'overlay' has been used frequently around the Olympic Games. If we think of the venues of the Games as places that are planned so they can do two jobs, both during the Games and after them, the overlay is a third kind of plan which manages to dress the venues in a way that makes them ready for the Olympic Games.

Lee remembers trying to deal with the issue of London's stadium and the promise that it would be an adaptable piece of architecture. He hosted a workshop with members of Multiplex, the construction team that built the Sydney stadium, and who would build the London one. He says the idea of 'embracing the temporary' took over. 'Prior to our discussion, it looked as if we were trying to make a temporary or adaptable stadium look permanent. At that point we thought, well, let's look at circus fairgrounds and summer fairs and also, while we're at it, let's look at the pop-up architecture [temporary shops and stalls] of London – and see what that can bring.' London felt like a big festival.

When the city bid for the Games, it was intended that the Olympic Stadium would be demounted down to 20,000 seats and become an athletics stadium. However, subsequent concerns that the park might end up being poorly used after the Games led to the decision to support a football club's use of the stadium, which required making the structure – despite its temporary-looking, Meccano-like aesthetic – permanent. So, although this idea of a temporary or adaptable stadium may have foundered, the principle lived on in the rest of the overlay plan.

This use of temporary structures did not make the Games any easier to plan. In fact it made planning all the more important. According to Vivienne Ramsay, Head of Development Control at the Olympic Delivery Authority during the London Olympic Games, this meant an acceleration of the usual system of granting approval

de 70 000 spectateurs pour des épreuves d'athlétisme. Cela a donné lieu à des situations difficiles par le passé; le souvenir laissé par des Jeux au succès colossal, comme ceux de Montréal en 1976, est ainsi terni par la présence de grands stades qui ne parviennent pas à trouver un occupant durable. Le stade olympique de Montréal, bien qu'il s'agisse d'une œuvre architecturale remarquable et que la tour dont il est orné soit une attraction touristique, n'accueille pas d'événement sportif régulier.

Le stade conçu à l'occasion des Jeux de 2000 à Sydney a été une tentative de rétablir un équilibre. Alors qu'il offrait 117 000 places assises durant l'événement, sa capacité à l'issue des Jeux était d'environ 81 000 places assises. Les architectes du cabinet Populous, qui travaillaient dans le cadre d'un consortium dirigé par l'entreprise de construction Multiplex, ont conçu un stade dont les tribunes sont situées sous de grandes arches. Par ailleurs, ils ont ajouté deux grandes ailes qui ont été retirées après les Jeux, permettant ainsi d'achever le toit. Fait intéressant, la partie modulable du stade a été installée par Multiplex sans frais supplémentaires. « Le niveau inférieur du stade a été construit sur des rails en acier et peut être tracté pour le déploiement des tribunes. Quatre heures suffisent désormais pour cette opération. Il est ainsi possible de créer un stade rectiligne à quatre côtés pour le football, le rugby à XIII et le rugby à XV », explique Christopher Lee.

La réflexion sur la modularité des stades a conduit à repenser entièrement la planification des Jeux. Depuis les Jeux de Sydney 2000, le terme d'« aménagements olympiques » (overlay en anglais) est fréquemment utilisé dans le contexte des Jeux. Si nous concevons les sites des Jeux en les destinant à deux fonctions – pendant et après l'événement – le concept d'aménagements olympiques apporte une troisième solution en permettant de préparer les sites à accueillir les Jeux.

Christopher Lee se remémore sa recherche de solution à la problématique du stade de Londres et sa promesse d'en faire une œuvre architecturale modulable. Il a organisé un atelier avec des membres de Multiplex, l'équipe qui a bâti le stade de Sydney et qui a été chargée de construire celui de Londres. Il indique que l'idée de miser sur des solutions provisoires l'a emporté. « Avant notre discussion, c'était comme si nous essayions de conférer une dimension permanente à un stade temporaire ou modulable. À partir de ce moment-là, nous avons eu l'idée de nous intéresser aux cirques et aux foires estivales et, en même temps, à l'architecture en pop-up [boutiques et étals temporaires] de Londres – et de voir ce que nous pourrions en tirer. » Il régnait à Londres une atmosphère très festive.

Lorsque la ville a présenté sa candidature aux Jeux, il

to plans. She believes that the focus the Games provided helped the authorities achieve in seven years what might otherwise have taken '25 or even 30 years'.

Ramsay was in charge of applying for planning permissions for all the site's different structures. She insists that the special nature of the Games did not mean any shortcuts were permitted to planning permissions. 'It wasn't a simplified system. We did 2,500 planning applications for Stratford City and the Olympic Park, everything from an individual banner, all the way up to the stadium itself', she says. Eduardo Paes, Mayor of Rio, describes the Games as supercharging the same system too: 'The Games have not been important just because the city is hosting the world's most important sports event, but because they have provided the opportunity to materialise several projects that had been lying on paper for a while, as they were needed in the process of preparing the city to host the Games.'

So if the Games use temporary structures, it is not simply about saving time and money, it is more about making considered assessments of what the city needs in the long term. After a careful assessment of what would be required after the Games, organisers of the London Games deployed temporary structures for certain venues, such as the basketball arena and the shooting range. It also created a series of temporary viewing screens in the park and in nearby green spaces which were incredibly successful and permitted increased levels of audience participation and enjoyment by a local audience. However, this idea of a temporary festival also helped create venues that framed

était prévu que le stade olympique soit démonté pour devenir un stade d'athlétisme de 20 000 places. Toutefois, craignant que le parc serait ainsi sous-exploité après les Jeux, le choix a été fait par la suite de permettre à un club de football d'utiliser le stade, ce qui a nécessité de rendre la structure permanente. Ainsi, il a beau ressembler à une structure temporaire avec ses airs de Meccano, il s'agit bel et bien d'un stade permanent. Toutefois, même si cette idée de stade temporaire ou modulable a été abandonnée, le principe a été conservé pour le reste des aménagements olympiques.

Le recours à des structures temporaires n'a pas simplifié la planification des Jeux, qui est devenue d'autant plus cruciale. D'après Vivienne Ramsay, responsable du contrôle du développement au sein de l'*Olympic Delivery Authority* pendant les Jeux Olympiques de Londres 2012, la procédure habituelle de validation des plans a dû être accélérée. Elle est convaincue que l'attention suscitée par les Jeux Olympiques a poussé les autorités à accomplir en sept ans ce qui leur aurait pris « 25, voire 30 ans » dans un autre contexte.

Ramsay était chargée de déposer les demandes de permis de construire pour l'ensemble des structures du site. Elle insiste sur le fait que la nature particulière des Jeux n'était pas synonyme de passe-droits pour l'obtention des permis de construire. « Le système n'avait pas été simplifié. Nous avons déposé 2 500 demandes de permis de construire pour Stratford City et le parc olympique, de la simple bannière à la livraison du stade complet »,

London 2012: The Olympic
Stadium under construction
(in 2011)
—
Londres 2012: Le stade
olympique en construction
(en 2011)

London 2012: Equestrian /
Dressage - General view of
Greenwich Park
—
Londres 2012: Sports équestres
/ Dressage - Vue générale de
Greenwich Park

the city for the massive TV audiences.

Christopher Lee says that the overlay team spent a great deal of time working on how to place temporary structures so they had the optimum effect on how the cameras framed the city beyond. This included the innovative idea of siting the beach volleyball arena on Horse Guards Parade, which meant that one of the Olympic Games' newest, most exciting sports took place in a space normally reserved for highly formal military displays, thereby presenting London as a place of playful contrast to the viewing public. 'We spent a lot of time working out how to put together the structures in a way that was inventive and framed the city well. Most of the kits were simple bits of scaffolding and were rented,' says Lee.

Rather than planning and producing a number of venues that are too expensive to maintain or for which there is no lasting need, as was the case with Athens, in London Populous worked with other architects to frame the existing architecture of the city for the huge TV audience in a certain way. Allies and Morrison's design for the equestrian venue is an absolutely brilliant example.

Set on the main axis that the greatest ever British landscape designer Inigo Jones created through Greenwich

indique-t-elle. Pour Eduardo Paes, le maire de Rio, les Jeux ont également permis d'accélérer la mise en œuvre de certains projets : « Les Jeux ne sont pas importants seulement parce que la ville accueille l'événement sportif le plus célèbre du monde, mais également parce qu'ils donnent l'occasion de concrétiser plusieurs projets en attente depuis longtemps, dans la mesure où ils sont nécessaires pour préparer la ville à accueillir les Jeux. »

Le recours à des structures temporaires dans le cadre des Jeux ne vise pas uniquement à économiser du temps et de l'argent. Il s'agit plutôt d'évaluer de manière réfléchie les besoins de la ville à long terme. Après avoir dressé la liste précise des infrastructures qui seront utiles à la ville après l'événement, les organisateurs des Jeux de Londres ont mis en place des structures temporaires sur certains sites, comme le stade de basketball et le stand de tir. Ils ont également installé un ensemble d'écrans temporaires dans le parc et dans les espaces verts environnants, qui ont rencontré un vif succès et ont suscité l'intérêt du public, pour le plus grand plaisir des habitants. Toutefois, cette idée de festival temporaire a également permis de créer des sites valorisant la ville aux yeux des téléspectateurs du monde entier.

Christopher Lee explique que l'équipe en charge des aménagements olympiques a passé énormément de temps à travailler sur le positionnement des structures temporaires afin que les caméras aient un point de vue optimal sur la ville. Elle a notamment eu l'excellente idée de placer le stade de volleyball de plage sur *Horse Guards Parade*. Ainsi, cette épreuve sportive passionnante, récemment inscrite au programme des Jeux, s'est déroulée à un endroit normalement réservé aux défilés militaires très officiels, donnant de Londres l'image d'une ville pleine de contrastes amusants aux yeux du public. « Nous avons passé beaucoup de temps à nous demander comment combiner les structures en faisant preuve de créativité pour mettre la ville en valeur. La plupart des assemblages étaient constitués de simples échafaudages loués », indique Lee.

Plutôt que de planifier et de créer plusieurs sites trop coûteux à entretenir et inutiles à long terme, comme cela fut le cas à Athènes, Populous a travaillé en association avec d'autres architectes afin de mettre en valeur l'architecture londonienne existante aux yeux des téléspectateurs. Le site équestre de Greenwich Park, conçu par Allies and Morrison, en est un parfait exemple.

Située sur l'axe principal dessiné à travers le parc par le plus grand paysagiste que le Royaume-Uni ait jamais connu, Inigo Jones, juste au-dessus de la « Maison de la Reine », également conçue par celui-ci, la tribune temporaire était ouverte sur trois côtés, offrant aux caméras de télévision une vue imprenable

Park, just above the Queen's House that he also designed, the temporary seating was open on three sides, providing an impeccable view of the exquisite Palladian setpiece for the TV cameras. Canary Wharf looms high in the background. The temporary venues that were produced for London were less an act of architecture and more an act of photographic staging, telling the lens which way to look.

In Rio, the concept of temporary architecture operated on an even more fundamental level. There, the planners AECOM helped the city plan the temporary venues in such a way as to radically reconfigure the use of certain buildings after the Games, maximising the legacy and avoiding waste of money. According to Paes, 'While planning the Rio 2016 Games, the City Hall created the concept of nomadic architecture, consisting of Lego-like structures for the arenas. The best examples are the Arena of the Future and the Aquatics Stadium, both at the Olympic Park, in Barra da Tijuca.'

The Aquatics Stadium will be turned into two facilities, one with an indoor Olympic-sized pool and capacity for 6,000 spectators, and the other with an outdoor Olympic-sized pool and capacity for 3,000 spectators. These, it is believed, will be used to a greater degree than a single structure. However, what is being done to the Arena of the Future takes the idea of temporary structures to a whole new level. Paes continues: 'The original arena will be dismantled and transformed into four 500-student municipal schools; for this to happen, it was necessary to have this objective in mind from the very inception of the project.' The arena's ramps and pre-cast staircases will be reused as access and circulation areas in the schools, and the structure is clad inside and out with a standardised system of tiles and façade panels that can be adapted.

sur le sublime bâtiment de style palladien. Les tours du quartier de Canary Wharf se détachaient à l'arrière-plan. Les sites temporaires construits pour les Jeux de Londres présentaient un intérêt plus photographique qu'architectural, indiquant aux caméras vers où se tourner.

À Rio, le concept d'architecture temporaire a été poussé encore plus loin. Le cabinet d'architecture AECOM a aidé la ville à concevoir les sites temporaires de manière à modifier totalement la fonction de certains bâtiments après les Jeux, optimiser l'héritage et éviter le gaspillage de ressources financières. D'après Eduardo Paes, « Lors de la planification des Jeux de Rio 2016, la mairie a créé le concept d'architecture nomade, qui repose sur le principe des Lego. Les meilleurs exemples sont l'Aréna du Futur et le stade aquatique, situés tous deux dans le parc olympique, à Barra de Tijuca. »

Le centre aquatique est divisé en deux sites, l'un avec une piscine olympique intérieure et une capacité de 6 000 spectateurs, l'autre avec une piscine olympique extérieure et une capacité de 3 000 spectateurs. De cette façon, il devrait être plus facilement exploitable qu'une structure unique. Toutefois, le devenir de l'Aréna du Futur élève le concept de structure temporaire à un tout autre niveau. Eduardo Paes poursuit : « Le premier bâtiment sera démonté et transformé en quatre écoles municipales d'une capacité de 500 élèves; pour ce faire, il a fallu garder cet objectif à l'esprit dès le début du projet. » Les rampes et les escaliers préfabriqués du bâtiment seront réutilisés dans les zones d'accès et de circulation des écoles; par ailleurs, l'intérieur et l'extérieur de l'édifice même sont revêtus d'un système standardisé et modulable de dalles et de panneaux de façade.

London 2012: The façade of the Olympic Stadium
—
Londres 2012: la façade du stade olympique

Rio 2016: Interior of the Maria Lenk Aquatic Centre
—
Rio 2016: intérieur du Centre aquatique Maria Lenk

LEGACY

It doesn't have to follow that a stadium must be adaptable, as long as thought is given to the whole area in which it is located. Beijing's former Olympic Stadium, known informally as the Bird's Nest and now renamed the National Stadium, is often praised for its monumental beauty. Swiss architects Herzog & de Meuron designed the irregular steel lattice, created by mutually supporting super-thick steel beams, which is simultaneously façade structure and roof. The lattice constitutes an intermediate space between the concrete bowl that houses the field of play and the outside world.

Because of its monumentality, its expense and its fixed arrangement of seats, the National Stadium is often accused of being an expensive folly. It was built with no regard for legacy, say its critics. And yet the stadium itself is a work of art and is appreciated as such by the huge numbers of tourists who visit it. Seen from a different perspective it is in fact a large pavilion, providing a remarkably intimate, beautifully shaded public space – rare in Beijing – within a huge public park. Beijing is simply a different definition of legacy.

In addition, Beijing's Olympic Park was always intended to be a modern tourist attraction in a city that was developing rapidly in terms of commerce and housing but that was only beginning to provide different types of leisure experiences. The London Olympic Park was always supposed to be 'part of the city'. And yet the intentions were the same at heart. Boris Johnson, the Mayor of London, admits the park had a purpose for tourism. 'Our ambition was to turn the site into a place of destination and a must-see item on the tourist's itinerary', he says.

It is often assumed, because of the sheer scale of the stadium in Beijing and the fact that the Games were being hosted in China at an incredibly significant national moment, that the plan for the Games was bombastic or had an overtly nationalist characteristic. And yes, Dennis Pieprz from US practice Sasaki Associates who designed the masterplan for the park admits that there was a clear political intention behind the whole Games but that this is a different, though equally successful, understanding of the idea of legacy. 'People were stunned by the visual power and creativity of what they saw and they really got the message that China was conveying: "Here we are – we're open for business"', he says.

In fact, every Games has this component to its legacy. What is important is whether it is done well and what it says. Beijing's masterplan was done well, from the beginning. It was not chosen by the Chinese state but by a

HÉRITAGE

Un stade n'a pas forcément besoin d'être modulable, tant que l'on tient compte de la zone dans laquelle il est implanté. Le stade national de Beijing, qui a servi de stade olympique et porte le surnom de Nid d'oiseau, est souvent loué pour sa beauté monumentale. Les architectes suisses Herzog & de Meuron sont les concepteurs de sa structure d'entrelacs irréguliers formée par des poutres en acier très épaisses se supportant mutuellement, qui sert à la fois de façade et de toit. Elle crée un espace intermédiaire entre l'enceinte en béton qui abrite l'aire de compétition et le monde extérieur.

Du fait de son caractère monumental, de son coût et de ses tribunes fixes, le stade national est souvent taxé de folie hors de prix. D'après les critiques, il a été construit en dehors de toute considération d'héritage. Pourtant, le stade en lui-même est une œuvre d'art visitée par de nombreux touristes, qui l'appréhendent comme tel. D'un autre point de vue, il s'agit en réalité d'un vaste pavillon, qui offre un espace public remarquablement intime et joliment ombragé – ce qui est rare à Beijing – au sein d'un immense parc public. Le stade de Beijing répond simplement à une autre définition de l'héritage.

En outre, il s'agissait également de créer une attraction touristique moderne dans une ville qui se développait rapidement sur le plan du commerce et du logement, mais qui n'en était qu'à ses balbutiements en matière de loisirs. Le parc olympique de Londres a toujours été censé faire « partie de la ville ». Et pourtant, au fond, les intentions étaient les mêmes. Boris Johnson, le maire de Londres, admet que le parc a une vocation touristique. « Notre ambition était de faire du site un lieu de destination et un élément incontournable pour les touristes », avoue-t-il.

Les dimensions du stade de Beijing, et le fait qu'il ait été construit en Chine à un moment particulièrement crucial pour le pays, laissent souvent supposer que le projet olympique chinois était grandiloquent ou présentait un caractère ouvertement nationaliste. Effectivement, Dennis Pieprz du cabinet américain Sasaki Associates qui a conçu le plan directeur du parc, admet qu'il y avait une intention clairement politique derrière les Jeux, mais qu'il s'agit d'une dimension à part entière de la notion d'héritage et que le but a été atteint. « Les gens étaient étonnés par la puissance visuelle et la créativité de ce qu'ils voyaient et ils ont véritablement saisi le message que la Chine voulait faire passer : "Nous sommes là, et nous sommes prêts à faire des affaires" », explique-t-il.

En réalité, cette dimension de l'héritage est présente à chaque édition des Jeux. Ce qui compte, c'est la forme

jury of highly regarded planning professionals from China, Singapore and Australia. The eventual winner was in fact one of the least bombastic of entries. Pieprz describes the park: 'When we did our scheme we thought of a framework and how it might be flexible. We also looked around at what we thought Beijing needed. And we thought that the city could do with a great new civic park, inserted into a part of the city that was booming.'

In fact, the main Olympic site sits right on a north–south axis that has fundamental significance for the city. The axis starts in the south of the city at the Yongding Gate, runs across Tiananmen Square, through the Forbidden City and traditionally ends at the Drum Tower and Bell Tower in the north. However, the imaginary line continues to the north

qu'elle prend et le message véhiculé. Le plan directeur de Beijing a été bien conçu, dès le départ. Il n'a pas été choisi par les autorités chinoises, mais par un jury composé d'architectes professionnels très exigeants, originaires de Chine, de Singapour et d'Australie. Le projet retenu comptait en réalité parmi les moins spectaculaires. Dennis Pieprz décrit le parc : « Lorsque nous avons conçu notre plan, nous avons imaginé un cadre et nous nous sommes demandé comment nous pourrions l'assouplir. Nous avons également étudié les environs pour évaluer les besoins de Beijing. Et nous avons pensé que la ville s'accommoderait bien d'un nouveau parc public, construit dans un quartier en pleine expansion. »

De fait, le principal site olympique est installé sur un axe nord-sud qui revêt une importance capitale pour la ville. Cet axe débute au sud, au niveau de la porte Yongding, traverse la place Tian'anmen, la Cité interdite et se termine traditionnellement au niveau de la Tour du tambour et de la Tour de la cloche, au nord. Toutefois, cette ligne imaginaire se poursuit vers le nord, à travers le parc olympique. De nombreux candidats étaient tentés

Beijing's national stadium (in 2015)
—
Le stade national de Beijing (en 2015)

through the Olympic Park. The temptation for many entrants was to place a series of triumphal arches along that line. Sasaki Associates actually left the axis free, and accentuated it by digging a lake that runs parallel to it, at first to the east and then crossing it at the north of the park. The buildings were then placed around the axis rather than on it.

According to Pieprz, 'If you look at a diagram of our scheme, you will see that the swimming venue and the stadium – the two most important buildings – provide a gateway to the landscape. Which is a very Chinese thing to do. When you look at the others, they put monumental buildings on the axis and suggested huge megastructures. Very few firms made a grid and made it part of the city.' The park itself provides a lake in a city that was built on a trading crossroads rather than as a port or river-crossing. A long ribbon of water runs alongside the axis and then traverses it to create an irregular but much-loved lake in a dry and dirty city.

At the start, many of the public spaces appeared wide and forbidding, but, even within the space of four years, they have been adopted and used. A new National Art Museum of China will be opening to the north-east of the stadium and a new cultural district will come to fill it. To Western observers, the initial problem may have been that it was far too large and empty, but that is being solved at a steady pace. As time goes by, one can see that the park merely fits the scale of the development around it.

GREATNESS

If we ever doubt whether we should be building a new part of a city, we should remember what Pierre de Coubertin wrote in the *Official Report* of the Athens 1896 Games. The founder of the International Olympic Committee and the whole movement's guiding light described the world into which the Games arrived: 'Men have begun to lead less isolated existences. Different races have learnt to know, to understand each other better, and by comparing their powers and achievements in the fields of art, industry and science, a noble rivalry has sprung up amongst them, urging them on to greater accomplishments.'

It was in de Coubertin's mind, therefore, that the Olympic Games would also become a model of competition, not just within the event, but actually in its hosting. In this way, the Games would become an expression of this noble rivalry. So if we wish to host the Games, not only is the past going to provide us

de placer une série d'arcs de triomphe le long de cette ligne. Le cabinet Sasaki Associates a décidé de laisser l'axe dégagé et de l'accentuer en creusant un lac qui s'étend d'abord en parallèle du parc à l'est, puis qui le franchit au nord. Plutôt que de placer les bâtiments sur cet axe, ils ont été disposés autour.

Selon Dennis Pieprz, « Si vous observez un plan de notre projet, vous constaterez que le site de natation et le stade – les deux bâtiments principaux – forment une porte d'entrée vers le parc et son paysage. Il s'agit d'un procédé très chinois. Les autres projets ont placé des constructions monumentales le long de l'axe et ont proposé d'immenses mégastructures. Très peu d'entreprises ont choisi de quadriller la ville pour y intégrer leur projet. » Le parc lui-même comporte un lac, dans une ville construite sur un carrefour commercial et non sur un port ou sur un fleuve. Un long ruban d'eau court le long de l'axe avant de le traverser pour créer un lac irrégulier, mais très apprécié dans cette ville aride et polluée.

Au départ, la plupart des espaces publics paraissaient démesurés et intimidants, mais au bout de quatre ans, les habitants ont fini par les adopter et les utiliser. Le nouveau musée d'art national de Chine ouvrira au nord-est du stade et un nouveau quartier culturel viendra le compléter. Les observateurs occidentaux jugeaient peut-être le parc beaucoup trop grand et vide au départ, mais ce problème est sur le point d'être résolu. À mesure que le temps passe, il s'avère que le parc est tout juste adapté au rythme de développement des quartiers environnants.

GRANDEUR

En cas de doute sur la nécessité de construire un nouveau quartier dans la ville, il peut être utile de se remémorer les mots de Pierre de Coubertin dans le *Rapport Officiel* des Jeux d'Athènes 1896. Le fondateur du Comité international Olympique et ferre-de-lance du mouvement y décrit le monde dans lequel les Jeux sont apparus : « En même temps les grandes inventions, le chemin de fer et le télégraphe ont rapproché les distances et les hommes se sont mis à vivre d'une existence nouvelle; les races se sont pénétrées les unes les autres, elles ont appris à mieux se connaître et tout de suite elles ont aimé se comparer entre elles. Ce que l'une accomplissait, l'autre voulait à son tour le tenter : des expositions universelles ont amené sur un même point du globe les produits des pays les plus lointains; des congrès littéraires ou scientifiques ont mis en contact les facultés cérébrales les plus diverses. »

Pierre de Coubertin pensait à l'époque que les Jeux Olympiques deviendraient une compétition modèle,

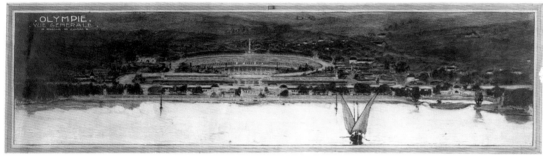

Eugène-Édouard Monod
and Alphonse Laverrière,
Project for a modern
Olympic city
–
Eugène-Édouard Monod et
Alphonse Laverrière, Projet
de construction d'une cité
olympique moderne

non seulement sur le plan des épreuves sportives, mais également de l'organisation. De cette manière, ils deviendraient l'expression d'une noble rivalité entre les nations. Ainsi, lorsque nous décidons d'accueillir les Jeux, nous nous rendons compte non seulement que nous allons devoir puiser les instructions d'organisation dans le passé, mais que nous allons également devoir les dépasser. Dès qu'il a été en mesure de le faire, Pierre de Coubertin, en tant que président du Comité International Olympique, a mis en place des récompenses. En 1912, une médaille d'or a été décernée aux Suisses Eugène-Édouard Monod et Alphonse Laverrière pour leur projet de stade moderne.

De nos jours, cette conception du stade en tant que modèle d'excellence intervient dans une autre dimension du sport. Simon Inglis, historien et expert de la conception des stades, explique pourquoi un stade doit être le summum de la conception : « La plupart des gens sont condamnés à vivre et à travailler dans des environnements quelconques. Pour y remédier, les concepteurs de stades doivent toujours aspirer à en faire un endroit remarquable, en créant un espace qui tienne à la fois de Xanadu et de Hollywood, du Pays imaginaire et d'une usine à rêves. Le lieu de spectacle ultime. » Ainsi, bien que l'on ne décerne plus de médaille d'or pour la conception des stades, leur rôle culturel est tel qu'il faut impérativement chercher à en faire un lieu d'excellence.

Et cela vaut tant pour le plan directeur que pour le stade en lui-même. En 1928, il a été décidé que la planification

with the instructions of how we host the event, but it is also something that we are going to have to outstrip. As soon as he was able, de Coubertin, as president of the International Olympic Committee, introduced prizes. In 1912 a gold medal was awarded to Eugène-Édouard Monod and Alphonse Laverrière of Switzerland for the building plan of a modern stadium.

This idea of the stadium being an example of excellence plays into another aspect of sport today. Simon Inglis is a historian and expert on the design of stadiums. He explains the idea of why a stadium has to be an acme of design: 'Most people are fated to live and work in unremarkable surroundings. To counter this, stadium designers should always aspire to the remarkable; to create a space that is Xanadu and Hollywood, Never-Never Land and the Dream Factory, all in one. The ultimate theatre in the round.' So whilst the gold medals are no longer doled out for stadium designs, the cultural role of the stadium is such that it must aspire to being a place of excellence.

And that is true of the masterplan as much as the stadium itself. In 1928, it was decided that urban planning should get its own medal, and Alfred Hensel of Germany received a medal for a stadium at Nuremberg, thereby setting up a shorter trend of awards being granted in the urban planning category to sports complexes and a longer one into which our own design for the Games must fit: that the masterplanning of the Olympic Games is to be excellent. Cities are awarded the event because it is believed that they will do it better than others. Competition, as one might imagine for an athletic event, is in its DNA – and this goes for the planning too.

It is something that every city that has successfully hosted the event understands explicitly. Although in many

urbaine devrait recevoir ses propres récompenses. L'Allemand Alfred Hensel s'est donc vu remettre une médaille pour le stade de Nuremberg, la première d'une courte série de récompenses décernées aux complexes sportifs dans la catégorie planification urbaine. Cette médaille a également marqué le début d'une longue tradition à laquelle notre propre conception des Jeux doit se conformer : le plan directeur des Jeux Olympiques doit atteindre l'excellence. Lorsqu'une ville se voit confier l'organisation des Jeux, c'est parce qu'elle a démontré qu'elle ferait mieux que les autres. La compétition, au sens sportif du terme, est inscrite dans l'ADN des Jeux, et cela vaut également pour la planification.

C'est un aspect que toute ville qui a organisé les Jeux avec succès comprend parfaitement. Bien qu'à de nombreux égards, Rio de Janeiro représente une évolution majeure dans l'organisation des Jeux, tant dans sa manière de réutiliser les sites existants que dans la construction de nouveaux sites adaptés à des usages complètement différents, le maire a conscience qu'il est au cœur d'une compétition. « Rio de Janeiro présente certes des similarités avec les villes qui ont accueilli les précédentes éditions des Jeux, mais elle va encore plus loin dans la célébration du sport », affirme-t-il.

Les Jeux Olympiques sont dès lors un exemple parfait de cette « noble rivalité » entre les nations, non seulement sur le plan de la compétition sportive, mais également de l'organisation même. C'est la raison pour laquelle l'innovation se poursuivra afin de concilier au mieux les besoins de l'événement lui-même et le fonctionnement quotidien de la ville qui a la chance de l'accueillir. Il convient également de se rappeler que ces besoins évoluent régulièrement. Pour l'heure, les villes candidates doivent

Beijing 2008: The interior concourse of the National Stadium in Beijing

–

Beijing 2008: Le parvis intérieur du stade national à Beijing

> Stadium designers should always aspire to the remarkable; to create a space that is Xanadu and Hollywood, Never-Never Land and the Dream Factory, all in one. The ultimate theatre in the round.
>
> Les concepteurs de stades doivent toujours aspirer à en faire un endroit remarquable, en créant un espace qui tienne à la fois de Xanadu et de Hollywood, du Pays imaginaire et d'une usine à rêves. Le lieu de spectacle ultime.

ways Rio de Janeiro represents a large step-change in how the Games are hosted, in terms of the way in which the city is reusing existing venues and building ones that can be adapted for entirely different uses, the Mayor of Rio realises that he is in a competition. 'Rio de Janeiro will not only have similarities with the cities that previously hosted the Games, but will do better, when it comes to celebrating sports', he says.

The Olympic Games exemplify then a 'noble rivalry' not just in the competition but also in the very act of hosting it. It is for this reason that the Games will continue to innovate in terms of how best to reconcile the needs of the event itself and the ongoing life of the city lucky enough to host it. It should also be remembered that these needs themselves are apt to change and evolve. At the moment, the cities that bid for the Games need to have structures that are adaptable. Yet there may come a time when countries that have historically never dreamed of hosting the Olympic Games may be able to. They may wish to design and build huge single-purpose stadiums and secondary venues as a means of declaring their nation's new values.

We can certainly say that, in recent times, the master-planning of Olympic stadiums has changed for ever. Today, some form of adaptability, even if that is simply being able to quickly change the shape of the field of play to accommodate different sports, has become a possibility, and building a stadium that isn't adaptable is now a conscious decision. What is even more certain is that the scale of the Games, particularly their stadiums, will go on to play an ever greater role in how great cities evolve.

être dotées de structures modulables. Mais un jour, peut-être, les pays n'ayant jamais osé rêver d'accueillir les Jeux Olympiques seront en mesure de le faire. Leur volonté pourrait être de concevoir et de construire des stades immenses prévus pour une seule fonction, auxquels viendraient s'ajouter des sites secondaires, afin de mettre en lumière les nouvelles valeurs de leur nation.

Depuis peu, les plans directeurs des stades olympiques ont définitivement changé. Une certaine forme de modularité est aujourd'hui possible, même s'il s'agit seulement de changer rapidement la forme du terrain pour pouvoir accueillir différents sports; la construction d'un stade non modulable est donc une décision délibérée. Une certitude demeure : l'envergure des Jeux, et notamment des stades, jouera un rôle de plus en plus important sur la grandeur des villes.

ARCHITECTURAL CHALLENGES

DÉFIS ARCHITETURAUX

TIM ABRAHAMS

Montreal 1976: The Olympic Stadium
with the tower
—
Montréal 1976: Le stade olympique
avec la tour

The creation of an Olympic stadium is an opportunity for governments and urban planners to develop and build new parts of cities, in addition to its primary purpose of housing the Olympic Games. But by examining the planning of such stadiums in more detail, it is possible to trace a particular lineage throughout the history of their design, demonstrating how they exist as a family of singular structures and how the designs of these structures can be appreciated collectively, as part of a unique architectural conversation that echoes down the years.

The Maracanã is known in Brazil as the 'Templo sagrado no país do futebol' – the holy temple in a land of football – and in 2014 was the venue for the World Cup final. However, in 2016, it also hosted the opening and closing ceremonies of the Olympic Games in Rio de Janeiro, thereby conferring on it a unique status. In terms of design, though, the Maracanã also has a relationship with several

La création d'un stade olympique est l'occasion pour les gouvernements et les urbanistes de développer et de concevoir de nouveaux quartiers dans les villes hôtes, en dehors de leur objectif premier d'accueillir les Jeux Olympiques. Toutefois, l'étude approfondie de la planification des stades permet de retracer une lignée particulière dans l'histoire de leur conception; en effet, les stades forment une famille de structures à part, dont les architectures originales semblent se répondre à travers le temps, pour le plus grand plaisir de tous.

Le Maracanã est connu au Brésil sous le nom de « Templo sagrado no país do futebol » – temple sacré au pays du football. En 2014, il a accueilli la finale de la Coupe du Monde et, en 2016, les cérémonies d'ouverture et de clôture des Jeux Olympiques. Cela lui confère un statut unique. Sa conception s'apparente à celle de plusieurs stades ayant accueilli les cérémonies d'ouverture lors d'éditions précédentes des

of the stadiums that have previously hosted opening ceremonies. This relationship is created through the involvement of a singular engineer with great design skills whose work shows the preoccupations inherent to the design of Olympic stadiums.

The main stadium structure itself was not the issue. Before the 2014 World Cup, the stands, the famous concrete ribs and bands on the façade and the astonishing processional ramps inside the Maracanã were all rebuilt. In addition, the densely planned sports park in which it sits has had an overhaul, too, all with the purpose of revealing the much-loved structure that was built at agonizingly slow pace between 1948 and 1965, even though it hosted a World Cup final in between. The upgrade and rebuilding of the concrete bowl was a relatively straightforward task in a country with huge local construction companies working in concrete, as was the conservation of the concrete of the façade. The architects Fernandes had been doing this work for a decade. No, the feature that linked it to previous stadiums was the roof.

Indeed, the most important addition to the Maracanã was a new roof, which replaced the old cantilever one. Because of the historic and cultural value of the stadium beneath, it was decided that the roof should be kept low at both the outer rim, which floats above the exterior of the stadium, and at the inner rim, above the field of play. The person called in to to do this was a German engineer and architect called Jörg Schlaich. The scheme he devised was based on the design principle of a spoked wheel, with the spokes of the wheel pulling at the central rim and holding it in tension, and this load then transferring on to the supports. The entire 46,500m² roof, covered with a PTFE-coated fibreglass membrane, appears to float like a separate structure above the bowl.

This design solution is by no means unprecedented, however. It bears more than a passing similarity to that executed as part of the refurbishment of the Berlin Olympiastadion before the World Cup in 2006 (see p. 71). Again, the new roof that appears to hover above the original structure is in fact supported on thin posts, 20 of which were erected inside the seating area and over 100 of which sit outside

Jeux. Ce lien est le fruit de l'engagement d'un ingénieur d'exception, dont le travail souligne les préoccupations liées à la conception des stades olympiques.

Avant la Coupe du Monde de 2014, les tribunes du stade Maracanã, les célèbres montants et bandes en béton de sa façade, ainsi que les rampes d'accès monumentales situées à l'intérieur ont été entièrement reconstruits. Par ailleurs, le parc sportif à l'architecture dense dans lequel trône le stade a également été rénové. L'objectif était de mettre en valeur la structure mythique, dont la construction s'est éternisée de 1948 à 1965 même si, entre-temps, le site a accueilli une finale de Coupe du Monde. La modernisation et la reconstruction de l'enceinte, ainsi que la conservation de la façade, toutes deux en béton, se sont

Munich 1972: View of the Olympic stadium with its transparent roof
—
Munich 1972: Vue du stade olympique avec son toit transparent

Munich 1972: Opening ceremony -
Parade of athletes
—
Munich 1972: Cérémonie
d'ouverture - Défilé des athlètes

it. The roof, an undulating membrane of a
similar semi-transparent PTFE-coated fibreglass
proclaims its modernity clearly; it is a delicate,
technologically advanced counterpoint to
the classical stone of the stadium. The roof
respects the interruption in the bowl of the
stadium known as the Marathon Gate.

The designers of the new Maracanã roof were
Gerkan, Marg & Partners, the engineering firm
Krebs & Kiefer, and the acting consultant Jörg
Schlaich. That is not to say that Schlaich is solely
responsible for every single Olympic stadium.
Just that his particular expertise in solving
thorny structural issues in a technologically
sophisticated but aesthetically dramatic
way has helped drive a singular architectural
preoccupation when it comes to stadiums –
namely how to put the roof on. Indeed, he first
became associated with the Olympic Games
when he acted as part of the engineering team
on a series of stunning transparent roofs for
the Olympic Stadium, the Olympic Arena and
the Olympic Swimming Hall built for the Munich
Games in 1972.

révélées relativement simples dans un pays où
de nombreuses entreprises de construction
nationales sont spécialisées dans le béton. Le
cabinet d'architecture Fernandes avait déjà dix
ans d'expérience dans ce domaine.

Le toit du Maracanã, qui a remplacé l'ancien
auvent, constitue cependant la principale
nouveauté. En raison de la valeur historique
et culturelle du stade, il a été décidé que le
toit resterait bas, tant au niveau de la bordure
extérieure, qui flotte au-dessus du pourtour
du stade, que de la bordure intérieure, qui
surplombe le terrain. C'est l'ingénieur et
architecte allemand Jörg Schlaich qui a été
choisi pour ce projet. Le dispositif qu'il a
imaginé repose sur le principe de la roue à
rayons; les rayons tirent sur la bordure intérieure
et la maintiennent en tension, cette force
étant alors répercutée sur les supports. Le toit
de 46 500 m², entièrement recouvert d'une
membrane en fibre de verre enduite de PTFE, a
l'air de flotter dans le vide au-dessus du stade.

Cette solution n'est cependant pas inédite
et rappelle fortement celle choisie lors de la
rénovation du stade olympique de Berlin, avant
la Coupe du Monde de football de 2006 (voir
p. 71). Là aussi, le nouveau toit, qui semble
flotter au-dessus de la structure originale, est
en fait soutenu par de minces poteaux, dont
20 ont été érigés à l'intérieur des tribunes,
et plus d'une centaine à l'extérieur. Le toit,
une membrane onduleuse fabriquée en fibre

The roof structures for Munich are entirely separate from the concrete bowls beneath, providing an undulating and sculptural evocation of the Alps, which may not be visible from the city but which exert a strong influence on the collective imagination of the Bavarians. Schlaich helped the architects Frei Otto along with Günther Behnisch create a cable net structure consisting largely of regular saddle-shaped pieces of acrylic membrane framed by edge cables made of locked coil ropes. This material is suspended at several points from masts, and is clad in Plexiglas.

The structure is seen as heralding a style of architecture known as High Tech, which became particularly popular in the United Kingdom. Although the roofs are supported on the inside by cable-held props, they are also back-anchored by the system that Schlaich would help develop for the Berlin Olympiastadion and the Maracanã. But more than that, the Munich stadium established that the priority in the minds of both architects and engineers when designing an Olympic stadium was how the roof sits on the stadium.

This priority was taken to a ridiculous degree with the stadium for the Montreal 1976 Olympic Games, over which was built a huge leaning tower (see photo p. 101). This was an incredibly lengthy process. From this tower an enormous fabric roof was supposed to be suspended. When not in use, the roof would fold into the adjacent leaning tower, much like a giant umbrella. At least that was the idea. The roof, made of Kevlar, took a further decade after the event to install, and even then it was dogged by mechanical failure as well as rips and tears. Cities such as Los Angeles, which in 1984 simply reused a stadium that had been built for the Games in 1932, were comparatively lucky, especially as the city was fortunate enough to have such good weather that it didn't need a roof!

This is why the stadium built for the Beijing 2008 Olympic Games, known officially as the Beijing National Stadium and informally as the Bird's Nest, and designed by architects Herzog & de Meuron, was such a grand move. Although the steel superstructure is inefficient in terms of engineering, the visual effect is to merge façade, structure and roof into one. The structural elements which mutually support each other

de verre semi-transparente enduite de PTFE, similaire à celle utilisée à Rio, est une ode à la modernité; cette solution avancée sur le plan technologique crée un subtil contraste avec l'enceinte en pierre particulièrement classique. Le toit suit la rupture dans l'enceinte du stade, qui porte le nom de « Marathontor ».

L'entreprise Gerkan, Marg & Partners a conçu ce nouveau toit, l'ingénierie étant confiée à la société Krebs & Kiefer. Jörg Schlaich est, quant à lui, intervenu en tant que consultant. Cela ne signifie pas pour autant qu'il est l'unique responsable de tous les stades olympiques. Simplement, son expertise particulière dans la résolution de problèmes structuraux épineux, fondée sur des méthodes à la fois avancées sur le plan technique et spectaculaires sur le plan esthétique, a permis de répondre à une question architecturale propre à la conception des stades : comment poser le toit ? En effet, il a commencé à travailler pour les Jeux Olympiques au sein de l'équipe d'ingénieurs à l'origine des remarquables toits transparents du stade olympique, de l'*Olympiahalle* et du complexe nautique construits pour les Jeux de Munich 1972 (photos p. 102-103).

Les toits des installations munichoises sont complètement séparés des enceintes en béton situées au-dessous et constituent une évocation ondoyante et sculpturale des Alpes, qui ne sont pas forcément visibles depuis la ville, mais qui influent fortement sur l'imaginaire collectif des Bavarois. Jörg Schlaich a aidé les architectes Frei Otto et Günther Behnisch à concevoir une

Beijing 2008: View of the National Stadium (Bird's Nest)
—
Beijing 2008: Vue du stade national (Nid d'oiseau)

Beijing 2008: General internal view of the National Stadium (Bird's Nest)
—
Beijing 2008: Vue générale de l'intérieur du stade national (Nid d'oiseau)

structure réticulée principalement composée de morceaux de membrane acrylique en forme de selle, bordés de câbles clos. Ce matériau, recouvert de Plexiglas, est suspendu en divers endroits à des mâts.

Cette structure est considérée comme le précurseur d'un style architectural dit *High Tech*, qui a rencontré un immense succès au Royaume-Uni. Bien que les toits soient soutenus à l'intérieur par des étais, eux-mêmes maintenus par des câbles, ils sont également renforcés par le système que l'équipe de Jörg Schlaich a mis en place pour le stade olympique de Berlin et le stade Maracanã. Plus important encore, c'est à l'occasion des Jeux de Munich que le toit est devenu une priorité dans l'esprit des architectes et des ingénieurs.

Le comble a été atteint avec le stade conçu pour les Jeux Olympiques de Montréal 1976 (photo p. 101), sur lequel a été construite une immense tour penchée. Le projet était de suspendre un gigantesque toit en toile à cette tour. Lorsque le toit ne serait pas nécessaire, il pourrait être replié à l'intérieur de la tour, à la manière d'un parapluie géant. C'était du moins l'idée. Il a fallu attendre dix ans après les Jeux pour que le toit en Kevlar soit installé, ce qui n'a pas empêché les pannes mécaniques et les déchirures à répétition. Des villes au climat plus favorable n'ont pas connu ces problèmes. Par exemple, lors des Jeux Olympiques de 1984 à Los Angeles, il n'a pas été nécessaire de rajouter un toit au stade construit pour les Jeux de 1932.

C'est pourquoi le stade construit à Beijing pour les Jeux Olympiques de 2008, connu officiellement sous le nom de stade national de Beijing et officieusement sous le nom de « Nid d'oiseau », et conçu par les architectes Herzog & de Meuron, marque une réelle avancée. La superstructure en acier, bien que superflue sur le plan technique, crée un effet visuel qui fusionne la façade, la structure et le toit en un seul et même ensemble. Les éléments structurels se soutiennent mutuellement et forment un entrelacs irrégulier qui remonte le long de l'enceinte accueillant les épreuves et la surplombe.

Le « Nid d'oiseau », dont les 42 000 tonnes d'acier symbolisent les richesses matérielles de la Chine, n'a pas été du goût de tout le monde. « La forme en nid d'oiseau du

converge into an irregular grid, which moves up and over the bowl in which the sport takes place.

Using 42,000 tonnes of steel to create a massive symbol of China's material riches, the Bird's Nest was not to everyone's taste. 'The stadium's bird's nest motif is an insult to birds', said Schlaich at a symposium in Beijing before the Olympic Games. He went on to describe it as 'grossly inefficient'. Given that Schlaich is a champion of lightweight structures, it is easy to understand his criticism. He concluded: 'Good engineering should be about solving a problem as economically as possible, using the least possible materials. It should never be subjugated to art … whatever art is.'

This criticism gets closer to the real crux of the matter. Herzog & de Meuron have remained quiet on this subject, but, judging by the sculptured quality of their work and the manner in which it invites artistic reading, it is possible that they might argue for everything to be subjugated to art. Herzog & de Meuron are designers of a number of very successful football stadiums, including the Allianz Arena in Munich which actually changes colour depending on which of the two club teams based in the city are using it. It is quite possible though that – given the masterplan for Beijing – they decided that the best alternative use for the stadium was as a huge, unprecedented piece of art.

This is all the more possible given that the architects credit the artist Ai Weiwei with having contributed greatly to the building's form. It also begs the question: do we appreciate the Colosseum in Rome any less because it isn't still used for gladiatorial combat? As it is, the Bird's Nest's interior deflects the casual observer from such portentous reflections. The interior is a joyfully democratic blending of cheeky graphics with beautifully refined sculptural detail. Herzog & de Meuron have a knack of marrying the avant-garde tradition of European architectural practice with the popular.

Each stadium speaks out from and back into different architectural cultures. In some cases this is the architectural tradition of the host country. The steel members of the stadium for London 2012 very wittily referred back to the investigations into adaptive architecture performed by avant-garde practices in the UK in the post-war period such as Archigram

stade est une insulte aux oiseaux », déclare Jörg Schlaich lors d'un congrès organisé à Beijing avant les Jeux Olympiques. Il poursuit en la décrivant comme « tout simplement sans intérêt ». Schlaich étant le champion des structures légères, on comprend aisément sa critique. Il conclut : « Sur le plan technique, un problème doit être résolu de la manière la plus économique qui soit, en utilisant le moins de matériaux possible. L'art ne doit jamais passer en premier… quel qu'il soit. »

Cette critique nous plonge au cœur du problème. Herzog & de Meuron n'ont pas commenté cette remarque, mais à en juger par la qualité sculpturale de leur œuvre, qui appelle une lecture artistique, ils répondraient probablement que l'art doit passer avant tout. Ils ont conçu de nombreux stades de football très appréciés, comme l'*Allianz Arena* de Munich, qui compte deux clubs résidents et change de couleur en fonction de celui qui l'utilise. Toutefois, il est fort possible – au vu du plan directeur de Beijing – qu'ils aient décidé de conférer une autre utilisation au stade en en faisant une œuvre d'art monumentale sans précédent.

Cela est tout à fait probable dans la mesure où les architectes ont déclaré que l'artiste Ai Weiwei a largement contribué à la forme du bâtiment. Une autre question se pose alors : apprécions-nous moins le Colisée à Rome parce qu'il n'est plus utilisé pour les combats de gladiateurs ? Dans l'état actuel des choses, l'intérieur du « Nid d'oiseau » détourne le simple observateur de ces profondes réflexions en lui présentant un savant dosage de graphismes provocants et de détails sculpturaux merveilleusement raffinés. Herzog & de Meuron ont un don pour marier la tradition avant-gardiste de l'architecture européenne et la tradition populaire.

Chaque stade exploite et alimente différentes cultures architecturales. Il s'agit parfois de la tradition architecturale du pays hôte. Les membrures en acier du stade des Jeux de Londres 2012 évoquent avec beaucoup d'humour les incursions dans l'architecture adaptative de mouvements avant-gardistes d'après-guerre au Royaume-Uni (Archigram ou l'architecte Cedric Price). D'autres réalisations expriment la culture architecturale dominante

Athens 2004: General view of
the Olympic Stadium
—
Athènes 2004: Vue d'ensemble
du stade olympique

and Cedric Price. Others express the
dominant architectural culture of the time.
The organisers of the Athens 2004 Olympic
Games commissioned the illustrious architect/
engineer Santiago Calatrava to create swooping
biomorphic wings as roofs for the stands of an
existing stadium.

With each new edition of the Games, the
stadium represents a unique statement. We may
debate the true nature of what that statement
is and it may change down the years, but it is a
vital part of Olympic architecture.

de l'époque. Les organisateurs des Jeux
Olympiques d'Athènes 2004 ont chargé l'illustre
architecte/ingénieur Santiago Calatrava de créer
deux ailes biomorphiques inclinées pour servir
de toit aux tribunes d'un stade existant.

Chaque stade véhicule une vision unique.
Nous pouvons débattre de la véritable nature de
cette vision, qui peut évoluer au fil des ans, mais
il s'agit toujours d'une dimension essentielle de
l'architecture olympique.

BEIJING

Jessie Di
Private tour guide
Beijing, China

Since its opening to much fanfare in 2008, Beijing's Olympic Park has become one of the most popular tourist attractions in the city, with many more Chinese and foreign tourists visiting Beijing since the park opened.

"The Olympic Games have clearly made China and the city of Beijing more popular in the world. They have provided lots of job opportunities for local people. For example, I didn't do these tours before the Olympic Park opened. The majority of the tourists I take on tours want to visit the Olympic Park, so during high season I go there around three times a week, although during the low season maybe only once or twice. Most of my tourists are from the US, Canada, Australia and the UK.

"I tell the tourists what the area looked like before the stadiums were built and what new buildings were constructed for the Olympic Games in Beijing. The area used to be the suburb out at the fourth ring road area in Beijing and had quite a lot of people living in it. The houses were not that tall. It was a new area, but so many more buildings were then created for the Olympic Games. The most popular part of the park is the National Stadium and the Water Cube. I tell tourists the main history of the stadium. How do I find that out? I study on Wikipedia.

"I tell them that the Olympic events of track and field, football, javelin, shot put and discus were held here at the National Stadium and that since October 2008, just after the Games ended, it has been open as a tourist attraction. And that it is also a venue for international and domestic sports competitions and recreation activities. In 2022, the opening and closing ceremonies of another important sporting event, the Winter Olympics, will be held here.

"I personally take approximately 500 tourists a year around the stadium on my own tours. But there are thousands more on other tours."

BEIJING

Jessie Di
Guide touristique indépendante
Beijing (Chine)

Depuis son ouverture en grande pompe en 2008, le parc olympique est devenu l'attraction phare de la capitale chinoise. Les touristes, étrangers comme Chinois, sont désormais bien plus nombreux à visiter la capitale.

"De toute évidence, les Jeux Olympiques ont rendu la Chine et Beijing plus attrayantes aux yeux du monde entier. De nombreux emplois ont été créés au niveau local. Moi, par exemple, je n'organisais pas ces visites avant l'ouverture du parc olympique. La plupart des touristes que j'accompagne – des Américains, des Canadiens, des Australiens, des Britanniques, etc. – se rendent sur le site. En pleine saison, j'y vais trois fois par semaine environ, et une ou deux fois durant la saison creuse.

J'explique aux touristes ce à quoi ressemblait le site avant la construction des stades et je leur montre les bâtiments qui ont été érigés pour les Jeux de Beijing. Beaucoup de gens vivaient sur ce site, dans ce qui était alors la banlieue de la capitale, au niveau du quatrième périphérique. Les habitations n'étaient pas aussi hautes. C'était une banlieue nouvelle, mais de très nombreux bâtiments sont sortis de terre pour les Jeux. Les plus connus sont le stade national (Le « Nid d'oiseau ») et le Cube d'eau. Je raconte aux touristes l'histoire du stade. Comment est-ce que je la connais ? Je me documente sur Wikipédia.

Je leur explique que certaines épreuves olympiques d'athlétisme, notamment le lancer du javelot, du poids et du disque, et de football se sont déroulées dans l'enceinte du stade national et que, depuis octobre 2008, juste après la fin des Jeux, il est devenu une attraction touristique. Il accueille également des compétitions sportives et des événements culturels nationaux ou internationaux. En 2022, il servira d'écrin aux cérémonies d'ouverture et de clôture d'un autre événement sportif majeur : les Jeux Olympiques d'hiver.

Chaque année, je fais visiter le stade à près de 500 touristes, mais ils sont des milliers à s'y rendre avec d'autres guides."

STADIUM STORY

THE STADIUM: WHERE THE CROWD BECOMES THE AUDIENCE

LE STADE : CE LIEU OÙ LA FOULE DEVIENT PUBLIC

PASCAL VIOT & VINCENT KAUFMANN

Beijing 2008: Football Men - Final, Nigeria (NGR) 2nd
versus Argentina (ARG) 1st, Nigerian supporters
—
Beijing 2008: Football Hommes - Finale, Nigéria (NGR) 2ᵉ
contre Argentine (ARG) 1ᵉ: Des supporters nigérians

Sport has become a major institution of liberal-democratic societies, capable of mobilising large numbers of people to practise it, govern it and watch it. It has earned its position within Western societies, where many and varied facilities have been built and occupy a central position within cities, to the point where sport is now a major consumer of space and time, as well as a 'land operator', whose influence is clear in terms of land use planning (both at local and national level).

The increasing frequency and size of major events, whether sporting (Olympic Games, football World Cup and European Championships) or cultural (mega-concerts, exhibitions, shows, etc.), have given a strong impetus to the construction of the architectural facilities able to host them, but also the means of transport needed to get to and from these events and use the facilities safely. Today's large cities need to have the facilities which enable them to host major events: their reputation, identity and prestige are at stake. The stadium has become an urban hub which is part of the image and identity of a city, and can be used as a marketing tool to make cities more competitive

Le sport est devenu une institution majeure des sociétés libérales-démocratiques, capable de mobiliser des masses considérables de pratiquants, de dirigeants et de spectateurs. Il a conquis sa place dans l'espace des pays occidentaux où des équipements, nombreux et diversifiés, ont été édifiés et affirment des centralités dans les villes, au point que le sport s'impose comme un important consommateur d'espace et de temps, et conjointement comme un « opérateur du territoire » dont l'influence est évidente au niveau de l'aménagement du territoire (en termes de planification locale et nationale).

Le développement de la fréquence et de l'ampleur des grands événements sportifs (Jeux Olympiques, Coupe du Monde ou Euro de football), ou culturels (méga-concerts, expositions, etc.) a fortement dynamisé la construction des équipements architecturaux en mesure de les accueillir, mais aussi des voies et moyens permettant de s'y rendre et de les utiliser en toute sécurité. Les grandes métropoles d'aujourd'hui se doivent de disposer d'aménagements leur permettant de prétendre à l'organisation de grandes manifestations : il en va de leur

The stadium has become an urban hub which is part of the image and identity of a city, and can be used as a marketing tool to make cities more competitive internationally.

Le stade est devenu un pôle urbain qui participe à l'image et à l'identité d'une ville et se vend comme objet de marketing rendant les agglomérations plus compétitives sur le plan international.

London 2012: The crowd at the entrance of an Olympic venue
—
Londres 2012: La foule à l'entrée d'un site olympique

internationally. Whilst the main role of a stadium is to host sports events and the people who come to watch them, the economic considerations of the sports event and the public authorities backing it require the development of a more complex project, which maximises use during the event but also anticipates how it will be used outside such competitions. Indeed, while the notion of sports facilities is closely linked to the concept of sport itself, it should be noted that the dynamic of sport has changed profoundly over the course of the past two decades. The broadening of the issues and the increased number of parties involved in sport have changed the conditions for defining local sports policy and investment as technical platforms capable of optimising the performances of the resident teams. What is more, linking sport to the expectations and concerns of operators, which combine the quest for profit and performance with the intensive use of communications resources, has an impact on the organisation and development of elite-level sports practice and its territorial and urban dynamics. This is reflected particularly in the creation of sports facilities which are no longer traditional affairs intended for sports and their federated clubs, but

réputation, de leur identité, de leur grandeur. Le stade est devenu un pôle urbain qui participe à l'image et à l'identité d'une ville et se vend comme objet de marketing rendant les agglomérations plus compétitives sur le plan international. Si le rôle premier du stade est d'accueillir une manifestation sportive et le public qui vient la suivre, les considérations économiques de cette manifestation et des pouvoirs publics qui la soutiennent impliquent le développement d'un projet plus complexe, maximisant son utilisation durant la manifestation mais anticipant également son usage en dehors des compétitions. En effet, si la notion d'équipements sportifs est étroitement liée à la conception même du sport, il faut relever d'emblée que la dynamique sportive s'est profondément transformée au cours des deux dernières décennies. L'élargissement des enjeux et du nombre d'acteurs désormais concernés par le sport modifie les conditions de définition des politiques et des investissements sportifs locaux comme des équipements conçus comme des plateaux techniques en mesure d'optimiser les performances des équipes résidentes. De surcroît, l'indexation du sport à des attentes et à des enjeux venant d'opérateurs qui associent recherche de profit, recherche de performances et utilisation intensive des ressources de la communication, a des conséquences sur l'organisation et le développement de la pratique sportive de haut niveau, ainsi que sur les dynamiques territoriales et urbaines. Ceci se traduit en particulier par la réalisation d'infrastructures sportives qui ne se déclinent plus sous le seul aspect d'un équipement traditionnel destiné à la pratique et aux clubs fédérés, mais sous l'aspect d'espaces multifonctionnels, relevant de la satisfaction des enjeux et des attentes qui répondent à des logiques commerciales, tournées vers la recherche de profits.

Le rôle des stades dans la réflexion de l'urbanisme d'une ville et d'une région est passé de marginal à primordial.

rather multi-functional spaces which must satisfy the requirements and expectations of a commercial logic looking to make a profit.

The role of stadiums in the land use planning of a city and region has moved from marginal to fundamental. Today, the stadium helps to 'build' the city. The choice of where it is located (in the centre or on the outskirts) and its accessibility (by road, train or on foot) requires a long-term planning vision. Starting from the stadium, planners think of the space of the city and the interactions between the different uses. In particular, links with stations, airports, shopping centres, motorway junctions and housing need to be planned as a coherent and coordinated whole. The urban transport system has to be able to handle major events, more or less occasionally, and thus allow the smooth running of such events, without paralysing the whole urban transport system. For stadiums, this means focusing accessibility increasingly on intermodality, where the final kilometre is covered on foot, to avoid traffic congestion around stadiums and even entire parts of the built-up area through a ripple effect. Beyond the urban planning dimension and the catalytic nature of sports facility projects as part of territorial development, stadiums are also special architectural objects. The function of a stadium and its facilities is to serve as a receptacle for a sporting or cultural event by allowing individual people to come together within a closed space where the participants' attention is focused on a common objective. The aim is to accommodate a crowd and allow the expression of its passionate engagement (the crowd's emotions being part of the success of the event), whilst avoiding excesses or serious disturbances, which it is vital to contain. In this context, it is interesting – and we shall do so in the framework of this article – to describe the functional logic which lies behind the design of stadiums, as well as the collective dynamics which determine the use made of them by the participants, in order to appreciate all the subtleties of this object at the centre of so much attention and so many practices within our contemporary societies.

THE KEY FEATURES OF CROWD MANAGEMENT AND FACILITY PLANNING IN THE AREA AROUND STADIUMS

The job of a stadium is to accommodate a large number of spectators in a closed space serving as a receptacle for a cultural or sports event. In this regard, its architectural design has to meet a functional objective as well as

De nos jours, le stade participe à « fabriquer la ville ». Le choix de son emplacement (au centre ou en périphérie) et de son accessibilité (routière, ferroviaire, piétonne) impose une vision à long terme de la planification. À partir du stade, on pense l'espace de la ville et les interactions entre les usages. En particulier, les liaisons aux gares, aux aéroports, aux centres commerciaux, aux nœuds autoroutiers, aux logements doivent être pensées de manière cohérente et coordonnée. Le système de mobilité urbaine à l'échelle de l'agglomération doit permettre d'accueillir – plus ou moins occasionnellement – de grands événements, et donc permettre leur bon déroulement, sans pour autant provoquer la paralysie du système des transports urbains. Pour les stades, ceci implique des dispositifs d'accessibilité de plus en plus tournés vers l'intermodalité où le dernier kilomètre se fait à pied, afin d'éviter les phénomènes de congestion automobile à leurs abords, voire dans des parties entières de l'agglomération par effet de contagion. Au-delà de la dimension urbanistique et de la qualité de catalyseur des projets d'équipements sportifs dans une logique de développement territorial, les stades sont également des objets architecturaux particuliers. Le stade et ses infrastructures ont pour fonction de servir de réceptacle à une manifestation (sportive ou culturelle) en permettant le rassemblement d'individus dans un espace fermé où l'attention des participants est orientée autour d'un but commun. L'enjeu est d'accueillir une foule et permettre l'expression de son engagement passionné, ses émotions participant à la réussite de l'événement, tout en évitant les dépassements et les nuisances excessives qu'il convient impérativement de contenir. Il est en ce sens passionnant – et nous nous y attacherons successivement dans le cadre de cet article – de décrire les logiques fonctionnelles qui président à la conception des stades, comme les dynamiques collectives qui informent les usages qui en sont fait par les participants afin de saisir toutes les subtilités de cet objet au centre de beaucoup d'attentions et de pratiques dans nos sociétés contemporaines.

LES ENJEUX DE GESTION DE FOULE ET D'AMÉNAGEMENT DE L'ESPACE AUTOUR DES STADES

Le stade a pour vocation d'accueillir un nombre important de spectateurs dans un lieu clos servant d'écrin au spectacle culturel ou sportif. En ce sens, sa conception architecturale se doit de répondre tout autant à une visée fonctionnelle qu'à un objectif d'encadrement et de

Los Angeles 1984: Supporters
from the Unites States
—
Los Angeles 1984: Des
supporters des États-Unis

a crowd support and management one. This is because, going beyond the behavioural dimension of individuals in a group and the unknown quantities linked to the supposed irrationality of large groups, often discussed during sports events, the incidents related to crowd phenomena, their scale and the form they are likely to take are closely connected with the built environment. Indeed, the architectural design of stadiums has a not inconsiderable influence on the handling of crowds, which may in certain cases encourage the smooth running of the event and in others lead to disaster. In this area, it is important to look at the evolution in the urban planning approach to stadiums, the stages of which are bound up with the occurrence of negative precedents in the history of sport.

Outside the international competitions held at intervals of several years with a rotating allocation system between countries, like the Olympic Games – which have themselves been the stage for dramatic events (as at the 1972 Games in Munich) – it is in the context of football matches that the most frequent and most serious incidents have occurred. Football is indeed the sport which arouses the most enthusiasm among the public (in terms of shared passion and emotional baggage); and this leads to greater stadium spectator numbers and thus the risk of incidents.

The Heysel disaster in Brussels on 29 May 1985 (39 dead during the European Cup final between Juventus and Liverpool FC) was thus the most dramatic indicator of the growing problem of supporter violence and hooliganism at sports events generally, and football matches in particular. In the immediate aftermath of the event, public comment blamed the English supporters for their behaviour, interpreted as the cause of the tragedy. This interpretation led to some of the Liverpool supporters involved receiving

gestion de la foule. Car au-delà de la dimension comportementale des individus rassemblés et des aléas liés à la supposée irrationalité des masses, souvent thématisée lors de rencontres sportives, les incidents en lien avec les phénomènes de foule, leur ampleur et la forme qu'ils sont susceptibles de prendre sont notamment liés à l'environnement construit. La conception architecturale des stades a en effet une influence non négligeable sur l'encadrement des spectateurs, pouvant – dans certains cas – favoriser le bon déroulement de la manifestation et dans d'autres mener à la catastrophe. Dans ce domaine, il est important de revenir sur l'évolution de l'approche urbanistique des stades, dont les étapes se confondent avec l'occurrence de précédents négatifs ayant émaillé l'histoire du sport.

Au delà des compétitions internationales se déroulant à intervalles de plusieurs années et selon un système d'attribution tournant entre les pays comme les Jeux Olympiques et qui ont elles-mêmes été l'occasion d'événements dramatiques (comme lors des Jeux de 1972 à Munich), c'est dans le contexte de rencontres de football que se sont produits les incidents les plus fréquents et les plus graves. Le football est en effet la discipline suscitant le plus d'engouement du public (en termes de passion partagée et de charge émotionnelle) et alimente en conséquence à la fois la plus grande fréquentation des stades et le risque de voir un incident s'y produire.

La catastrophe du Heysel à Bruxelles le 29 mai 1985 (39 morts lors de la finale de la coupe d'Europe entre la Juventus de Turin et Liverpool FC) a ainsi marqué de façon la plus dramatique qui soit l'irruption du problème de la violence supportrice et du « hooliganisme » lors des manifestations sportives en général et des rencontres de football en particulier. À chaud et sous le coup

judicial sentences, while all English clubs were banned from European competition for several years (five years for all clubs, but seven for Liverpool). Parallel to this, the British authorities put in place a number of coercive and policing measures for football matches. The comments on the Heysel disaster and the significance given to this event led to supporters being painted as the 'animal' crowd in the traditional meaning of the crowd psychology theories developed around the turn of the 20th century, particularly by Gustave Le Bon.[1] Nonetheless, it was obvious to many observers and specialists that the layout of the Heysel stadium (aging facilities certainly inadequate for the safety requirements of this kind of match) was also one of the contributory factors: the barriers separating the rival supporters (which proved too easy to cross) or the wall of the stand which gave way under the pressure of the crowd of terrified Italian supporters played a role in the series of events which occurred, and must be seen not just as a purely material element but also as an inadequate spatial arrangement which made the disaster possible.

Not surprisingly, 1985 marked a turning point in the identification of the risks linked to stadium infrastructure. Indeed, a few days before the Heysel incident, on 11 May 1985, there was another major disaster at the ancient Bradford City Stadium, where 56 spectators perished in what is still the worst fire disaster in the history of football. The pictures of the tragedy, broadcast live by a local television station, spread around the world, arousing considerable emotion. The judicial enquiry which followed the fire highlighted not just the risks linked to the roof of the main stand (made of wood and dating from when the stadium was built after the club was created at the beginning of the 20th century), but also the negligence of the club management both with regard to the compliance of their facilities with safety rules and also in terms of spectator safety management. Indeed, when the fire broke out, many emergency exits were found to have been locked, preventing any possibility of escape. This catastrophe obviously led the British authorities to pass new legislation without delay to improve the safety of football stadiums by banning the construction of new wooden stands and prohibiting smoking in stadiums built partly of inflammable materials.

The Bradford tragedy also marked the starting point of a fundamental debate on stadium fittings with regard to the type of barriers used inside the ground. To combat the violence seen at sports events starting in the 1970s in England, many clubs had opted for a kind of prison strategy, shutting the supporters behind barriers or even impenetrable wire fencing. While such features were fortunately not in use in Bradford, which allowed many spectators to escape via the pitch, this disaster led

de l'émotion, les commentaires publics accablent les supporters anglais pour leur comportement, interprété comme la source de la tragédie. Cette interprétation aboutit à sanctionner judiciairement certains supporters de Liverpool impliqués et sportivement l'ensemble des clubs anglais qui se voient interdits de participation aux rencontres européennes pendant plusieurs années (cinq ans pour l'ensemble des clubs, sept ans pour Liverpool). Parallèlement, les autorités britanniques mettent en place bon nombre de mesures de contraintes et d'encadrement policier autour des rencontres de football. Les commentaires de la catastrophe du Heysel et le sens donné à cet événement renvoient à une conception des supporters comme foule « animale », au sens traditionnel des théories de la psychologie des foules thématisée notamment dès le tournant du XXe siècle par Gustave Le Bon[1]. Néanmoins, il est évident pour nombre d'observateurs et de spécialistes que l'agencement spatial du stade du Heysel (équipement vieillissant et sans doute inadapté aux enjeux de sécurité de cette rencontre) est également l'une des données du problème : les barrières de séparation entre supporters adverses (qui se sont avérées trop facilement franchissables) ou le mur de la tribune qui a cédé sous la pression de la foule de supporters italiens apeurés ont joué un rôle dans l'enchaînement des faits et sont à penser non seulement comme des éléments uniquement matériels mais comme un aménagement spatial inadapté qui a rendu possible la catastrophe.

L'année 1985 marque à n'en pas douter un tournant dans la manifestation des risques liés à l'infrastructure des stades. En effet, quelques jours avant le Heysel – le 11 mai 1985 – se produit une autre catastrophe majeure dans l'enceinte de l'antique *Bradford City Stadium* où 56 spectateurs périssent dans ce qui reste comme le pire incendie de l'histoire du football. Les images de la tragédie, retransmises en direct sur une chaîne de télévision locale, font le tour du monde, suscitant une émotion considérable. L'enquête judiciaire qui suit cet événement met en évidence non seulement les risques liés au toit de la tribune principale (fabriqué en bois et datant de la construction du stade à la création du club au tournant du XXe siècle), mais aussi la négligence des responsables du club tant dans la mise en conformité de leur équipement que dans la gestion de la sécurité des spectateurs au moment des faits : certaines issues de secours avaient en effet été fermées, bloquant toutes possibilités de sortie. Cette catastrophe a évidemment amené les autorités britanniques à adopter sans délai une nouvelle législation pour améliorer la sécurité des stades de football en bannissant la construction de nouvelles tribunes en bois et en interdisant la cigarette dans les stades incluant dans

people to start thinking about the risks linked to these kinds of separations when it came to crowd management. The Hillsborough disaster, four years later, on 15 April 1989, during the FA Cup semi-final between Nottingham Forest and Liverpool, brought further dramatic proof that the efforts to combat hooliganism in the 1970s and '80s had led to other key risks being neglected, such as crowd movements and the over-density which can result. Indeed, 96 people died in the Sheffield stadium, and many others were injured, due to the enormous pressure within the crowd caused by the late arrival of spectators in a stand which was already packed. Misdirected on their arrival at the stadium by police who regarded them as potential hooligans, and trapped by the metal fences to stop pitch invasions which proved fatal for many of them, the Liverpool supporters paid a high price for the tight safety strategy of the time. As a result, the architectural design of all stadiums (first in England, then progressively in all other countries) was altered, with the wire fences to separate the rival supporters being removed, counter-balanced by, among other compensatory measures, the obligation to have all-seat stadiums, named tickets and huge numbers of video-surveillance cameras, and a ban on drinking alcohol in stadiums.

This dual strategy to change the fixtures and improve the safety of stadiums (fewer barriers, more controls), combined with a preventive doctrine of removing trouble-makers by banning them from stadiums by means of court orders, also marked the start of the management model that used stewarding to look after crowds which were increasingly composed of 'clients', with fewer and fewer 'yob fans'. This stewarding model is certainly the most visible aspect of the new crowd management paradigm which emerged in England at the start of the 1990s, with the aim of going beyond the simple policing of spectators (crowd control) to focus instead on the organisation of flows and managing crowd behaviour before incidents could occur (crowd management). While the first approach links crowd problems to pathological psychological

leur construction des matériaux inflammables.

La tragédie de Bradford marque également le point de départ d'une réflexion fondamentale concernant l'aménagement des stades qui concerne le type de barrières mises en place à l'intérieur des enceintes sportives. Afin de lutter contre la violence qui se développe à partir des années 1970 en Angleterre, de nombreux clubs adoptent à cette époque une stratégie d'aménagement de type carcéral, enfermant les supporters derrière des barrières ou même des grillages infranchissables. De tels équipements n'étaient heureusement pas en place à Bradford, permettant ainsi à de nombreux spectateurs de s'échapper par le terrain de jeu. Néanmoins, une réflexion commence à faire jour après la catastrophe sur les risques liés à ce type de séparations en termes de gestion de foule. Le désastre d'Hillsborough, quatre ans plus tard – le 15 avril 1989 lors de la demi-finale de la Coupe d'Angleterre entre Nottingham Forest et Liverpool – amène la preuve, une nouvelle fois dramatique, que la lutte contre le hooliganisme des années 1970 à 80 conduit à négliger certains autres risques prédominants comme les mouvements de foule et la surdensité qui peut en résulter. En effet, 96 personnes décèdent dans le stade de Sheffield et de nombreuses autres y sont blessées en raison d'une gigantesque pression au sein de la foule provoquée par l'arrivée tardive de spectateurs dans une tribune déjà comble. Mal orientés à leur arrivée au stade par la police qui les considère comme des délinquants en puissance, pris au piège par des grillages anti-invasion de terrain, ce qui sera fatal à nombre d'entre eux, les supporters de Liverpool paient au prix fort la stratégie sécuritaire étriquée de l'époque. La conception architecturale de l'ensemble des stades (d'abord en Angleterre, puis par diffusion à l'ensemble des autres pays) s'en est trouvée modifiée avec la suppression des grillages de séparation entre les différentes catégories de supporters, contrebalancée, entre autres mesures compensatoires, par l'obligation de pourvoir les stades de places assises, l'attribution de billets nominatifs, l'installation massive

The stewarding model goes beyond the simple policing of spectators (crowd control) to focus instead on the organisation of flows and managing crowd behaviours before incidents could occur (crowd management).

Le modèle du *stewarding* dépasse l'approche uniquement policière des spectateurs (*crowd control*) pour se concentrer à la fois sur l'organisation des flux et le cadrage des comportements de la foule en amont des incidents (*crowd management*).

de systèmes de caméras de vidéosurveillance ou encore l'interdiction de la consommation d'alcool à l'intérieur des enceintes sportives.

Cette stratégie duale de gestion de l'aménagement et de la sécurité des stades (moins de barrières, plus de mesures de contrôle), orientée vers une doctrine préventive incluant l'éloignement des fauteurs de troubles par des mesures judiciaires d'interdiction de stade, marque également le début du modèle de gestion par le « stewarding » à l'anglaise pour encadrer les foules composées de plus en plus de « clients » et de moins en moins de « voyous – supporters ». Le modèle du « stewarding » est sans doute l'élément le plus visible de ce nouveau paradigme de la gestion de foule qui émerge au tournant des années 1990 en Angleterre et qui se veut dépasser l'approche uniquement policière des spectateurs (*crowd control*) pour se concentrer à la fois sur l'organisation des flux et le cadrage des comportements de la foule en amont des incidents (*crowd management*). À une première approche qui rabat la problématique de la foule sur des comportements psychologiques pathologiques (*crowd control*) en présupposant l'instabilité, la deuxième approche oppose la prédictibilité des comportements par une stratégie d'anticipation, mobilisant de nouveaux outils comme les sciences de l'ingénieur et la modélisation (*crowd management*). En clair, les approches en termes de *crowd management* vont venir combler une partie des limites de l'approche par le *crowd control* en s'intéressant à l'espace, et à la façon dont il influence les comportements de la foule qui l'occupe. La foule est alors pensée comme une interaction entre les individus rassemblés et l'espace qui leur est mis à disposition.

Les spécialistes du *crowd management* vont se focaliser non pas seulement sur la dimension du comportement volontaire mais également penser la foule en termes de fluidité et de densité. Les tenants de cette nouvelle approche vont s'intéresser au design des barrières, à l'aménagement des lieux et à la façon dont ils peuvent favoriser des flux harmonieux (par exemple lors des entrées et sorties du site de la manifestation). Par le *crowd management*, l'espace est pris en compte en tant que véritable ressource matérielle qui contraint ou favorise les pratiques. Il s'agit alors par l'aménagement de faire de l'espace un allié en lui donnant une forme favorisant les bons comportements : ceux considérés comme sûrs. Il résulte de ces considérations que l'ancrage territorial des enceintes sportives se transforme progressivement, mais d'une façon paradoxale. À l'échelle urbaine, les nouveaux stades s'apparentent aujourd'hui à des « paquebots urbains », c'est-à-dire des ensembles construits de grande

behaviours (crowd control) by presupposing instability, the second addresses the predictability of behaviours by using a strategy of anticipation, making use of new tools such as engineering and modelling sciences (crowd management). In short, the crowd management approach addresses the limitations of the crowd control approach by looking at the space and how this influences the behaviours of the crowd which occupies it. The crowd is thus viewed as an interaction between the individual people gathered there and the space provided for them.

Crowd management specialists thus not only look at the dimension of voluntary behaviour, but also think of the crowd in terms of fluidity and density. The proponents of this new approach consider the design of the barriers used, the layout of the facilities and how flows can be optimised (for example when entering and leaving the event venue). With crowd management, the space is seen as a material resource which constrains or encourages different practices. So the aim is to make the layout of the space an ally, which promotes 'safe' behaviours. The result of these considerations is that the territorial aspect of sports arenas has changed progressively, but para-doxically. On an urban level, new stadiums are like 'urban cruise liners', which is to say enormous units functioning independently of their surrounding environment.[2] In this sense, contemporary urban stadium design is like that of shopping centres (to which they are often connected), multiplex cinemas, airports, transport interchanges or theme parks: they are objects detached from the area around them, for which accessibility is ensured by rapid transport networks (motorways and urban bypasses, and increasingly public transport).

Today's sports facilities are thus largely defined by antic-ipating the expected 'normal' behaviour of the supporters. And yet the action of supporting a team is still a particular means of occupying the space of a stadium, a process whereby individuals become supporters by adopting behaviours adjusted to the surrounding built environment. A good understanding of the range of supporter practices and the specific interpretation of crowd behaviours in a given space is therefore crucial to anticipating and manag-ing behaviours. The task is thus to maximise the quality of the welcome through the architectural layout and recep-tion by the behaviour regulation agents to ensure good cohabitation between celebration and the maintenance of public order. It is expected, in short, that a stadium will be a good 'container' in both senses,[3] i.e. that it meets the functional requirements of organising and planning flows as well as safety management, but it is also a venue in which a unified crowd can gather to form an audience.

London 2012: Olympic Park - A restricted access point at Stratford Gate
—
Londres 2012: Parc olympique - Un accès sécurisé à Stratford Gate

taille fonctionnant sur le mode autarcique vis-à-vis de leur environnement de proximité[2]. En ce sens, la conception urbanistique contemporaine des stades se rapproche de celle des centres commerciaux (auxquels ils sont souvent adossés), des multiplex, des aéroports, des pôles d'échanges de transport ou des parcs d'attraction : il s'agit d'objets largement déterritorialisés, dont l'accessibilité est assurée par des réseaux de transports rapides (autoroutes et rocades urbaines, et de plus en plus souvent les transports en commun).

Actuellement, les infrastructures sportives sont donc définies a priori en anticipant des comportements attendus et standardisés des supporters. Pour autant, l'action supportrice reste une modalité particulière d'occupation de l'espace du stade, un processus où des individus deviennent supporters par l'adoption de comportements ajustés aux prises offertes par l'environnement construit. Une bonne compréhension des répertoires de pratiques supportrices et l'interprétation spécifique des comportements de la foule en fonction d'un espace donné est cruciale pour anticiper les comportements et les gérer. Il s'agit alors de maximiser la qualité de l'accueil par un dispositif architectural et une prise en charge par des agents de régulation des

THE AUDIENCE AND THE MEANS OF REGULATING THE INTENSITY OF SPECTATOR EMOTIONS

Between the irrationality of the crowd (which cannot therefore be understood or explained, and whose excesses are regarded as the norm) which justifies the police constraint approach (crowd control) and the form of behavioural determinism which underpins the crowd management approach (on which mathematical modelling may be based), a third approach should also be envisaged, based on an attempt at a sociological understanding of the crowd by analysing a series of actions which make sense to those taking part. Based on the idea that the crowd is not just a simple aggregation of individuals produced by some kind of mental and behavioural merging, but is rather the product of common supporter behaviour, the way a crowd is viewed should be modified, working on the principle that it is not an immediate construct, but something built through collective action. A crowd, understood as the co-presence of numerous individuals forming a heterogeneous grouping in a given place, allows a new collective emotion to emerge, something which cannot appear outside a public gathering that combines number, density and coordination of behaviours. The advent of this emotion has the unique ability to transform a crowd into an audience and provoke a 'reaction', almost in the physical sense of the term. The particular context of the sports event allows individuals to escape from the usual standardised framework and unleash emotions which are generally repressed. Spectators, individuals in a crowd, become actors, and this takes the concrete form of noisy encouragement, applause, singing, Mexican waves and any indications of presence at and interest in the show, which helps to make it a success. This shift requires a 'presence', physical, bodily involvement in the collective action, and makes taking part in an event as part of a crowd so different from watching it alone from a distance. What creates this quality of collective experience is nonetheless ambivalent, as it can also lead to negative acts, where matters get out of hand or even turn violent. So this is where the way the crowd is managed comes into play, with direct and appropriate action by those responsible for monitoring the situation (police or security agents) so as to maintain public order.

Based on more than 25 years of research into crowd policing, Stephen Reicher, Clifford Stott, Patrick Cronin and Otto Adang[4] thus propose a credible alternative to traditional crowd psychology, which is still to this day characterised by Gustave Le Bon's theories about irrationality. According to Le Bon, the members of a 'crowd' are apt to

comportements afin d'assurer une bonne cohabitation entre festivité et maintien de l'ordre public. Il est attendu, en clair, qu'un stade soit un bon « contenant » mais aussi un bon « conteneur »[3], c'est-à-dire qu'il réponde à la fois à une exigence fonctionnelle en termes d'organisation et de planification des flux ainsi que de gestion de la sécurité, mais aussi qu'il soit l'enceinte où il est possible de faire advenir un public d'une foule rassemblée.

LE PUBLIC ET LES MODES DE RÉGULATION DE L'INTENSITÉ DES ÉMOTIONS SPECTATRICES

Entre l'irrationalité de la foule (qui ne peut donc pas être comprise ou expliquée et dont il s'agit de normaliser les excès) qui justifie l'approche par la contrainte policière (crowd control) et la forme de déterminisme comportemental sous-jacent à l'approche par le crowd management (sur laquelle peut se fonder la modélisation mathématique), il convient également d'envisager une troisième approche, irriguée par une tentative de compréhension sociologique de la foule au travers de l'analyse d'une série d'actions qui ont du sens pour les acteurs qui y prennent part. En partant de l'idée que la foule n'est pas une simple agrégation d'individus sur le mode de la fusion (mentale et comportementale) mais relève plutôt de la production d'un agir commun supportériste, il convient de déplacer le regard sur la foule, en partant du principe que celle-ci n'est pas donnée d'emblée mais construite au travers d'une action collective. Une foule, entendue comme la coprésence de nombreux individus formant un rassemblement hétérogène en un lieu, permet de faire émerger une émotion collective inédite, qui ne peut pas surgir en dehors du rassemblement public alliant nombre, densité et coordination des comportements. L'irruption de cette émotion a la capacité unique de transformer la foule en public et de provoquer une « réaction » au sens quasiment physique du terme. Le contexte particulier de la manifestation sportive permet de sortir des cadres normés habituels et de libérer des expressions d'émotion généralement bridées. De spectateurs, les individus dans une foule deviennent acteurs, ce qui se concrétise et est rendu visible par des encouragements bruyants, des applaudissements, des chants, des « olàs » et toute autre forme de manifestation de présence et d'intérêt pour le spectacle, qui participe à sa réussite. Ce passage implique une présence, une implication physique, corporelle dans l'action collective et rend la participation à un événement dans une foule si différente d'un visionnement individuel à

lose their values and standards of behaviour through a tendency towards imitation, which would explain the sudden shift to violence. To counter this explanation, which they consider simplistic, the authors put forward the idea that individuals do not lose their identity in a crowd but rather shift their personal identity towards a temporary collective identity, which lasts as long as the gathering, and which is almost wholly contingent upon the circumstances and the environment (defined in particular by the interaction with the forces of order). According to them, crowd psychology theories helped to forge the police doctrines of maintaining order head-on, sometimes brutally and indiscriminately, by instilling the idea that crowds are easily manipulable and thus form homogeneous and unified entities. Yet such head-on police doctrines are ineffective. Seeing the crowd as intrinsically dangerous leads to a heavy-handed police attitude which, the authors argue, can only help to reinforce the potentially negative collective identity creation process. They assert that, while the influence of the policing posture can help to crystallise the opposition, inversely, it can help to encourage self-regulation within the crowd. In short, they suggest that, in all cases, the police strategies adopted strongly influence the behaviour of the crowd, for good or bad. They conclude that, to prevent the traditional view of a crowd as dangerous from becoming a self-fulfilling prophecy due to an inappropriate policing strategy, thought should be given primarily not to how crowds can be controlled by the police, but to how the crowd can be helped to self-regulate. To this end, the elements pertaining to the visibility of the police, their equipment and their attitude, which are all means of com-

distance. Ce qui fait cette qualité de l'expérience collective est néanmoins ambivalente car elle peut également mener à des actes négatifs sur le mode du débordement incontrôlé voire du basculement violent. C'est alors qu'entre en ligne de compte la manière dont la foule est gérée de façon directe et en situation par les acteurs en charge de leur surveillance (agents de police ou de sécurité) afin de maintenir l'ordre public.

S'appuyant sur plus de 25 ans de recherches sur la gestion policière des foules (*crowd policing*), Stephen Reicher, Clifford Stott, Patrick Cronin et Otto Adang[4] proposent dans cette perspective une alternative crédible à la psychologie classique des foules, aujourd'hui toujours marquée par les théories de Gustave Le Bon sur l'irrationalité. Selon ce dernier, les membres d'une foule seraient susceptibles de perdre leurs valeurs et standards de comportement au profit d'une inclinaison à l'imitation qui expliquerait le basculement violent. À rebours de cette explication qu'ils jugent simpliste, les auteurs avancent l'idée que les individus ne perdraient pas leur identité dans la foule mais qu'ils opèreraient un basculement de leur identité personnelle vers une identité collective provisoire, qui dure le temps du rassemblement, et qui s'avère fortement contingente des circonstances et de l'environnement (définis en particulier par l'interaction avec les forces de l'ordre). Selon eux, les théories de la psychologie des foules ont contribué à forger les doctrines policières du maintien de l'ordre frontal, quelquefois brutal et indistinct, en instillant l'idée que les foules sont facilement manipulables et donc constituent des entités homogènes et solidaires. Or, les doctrines policières du

Crowd management at London 2012: Olympic Park - Visitors with policemen from the Metropolitan Mounted Police Branch
—
Crowd management à Londres 2012: Parc olympique - Des visiteurs avec des policiers de la *Metropolitan Mounted Police Branch*

municating positively with the crowd, will prove crucial.

We can see from the discussion about new crowd psychologies which today inform police doctrine on maintaining order that it is necessary to bear in mind that the crowd can change state when an 'event' occurs within it which causes the condition of a group of individuals gathered together to shift from co-presence to co-existence, in other words when something happens which creates the perception of a commonality among the members of the crowd (a police reaction considered excessive, for example). Another example of this type of situation is when the entrances to an event are blocked, creating a long wait. Here, when the assembled crowd behaves in a fluid and individual way before the blockage, it will become solid and compact, creating a collective whole. The resulting increase in density will lead to awareness among the individuals of the solidarity between them in this situation. They are all then subjected to a powerful collectivisation experience process, as they are all both the victims and creators of the uncomfortable density occurring. Each will then be able to appreciate the hardship created by this physical rapprochement caused by the breakdown in fluidity and the constraint of immobility. Individual reactions (possibly copied by the whole group) may then occur due to this change of state, and shift the situation from balance to imbalance, leading to increasing management difficulties for the organiser (feelings of sickness, state of panic, mood swings, rebellious acts, attempts to force entry, etc.).

We could conclude from the above that the shift from co-presence to co-existence marks the conversion of a crowd into an audience. Indeed, it is less the crowd as a 'simple' gathering which is of interest here than the change of state brought about by this gathering when the crowd turns into an audience, when 'something happens'. As the French sociologist Louis Quéré writes, 'The audience is defined initially in terms of shared experience. What characterises an audience is that it is having or taking part in an experience together.'[5] Above and beyond the associated risks, a crowd thus provides an opportunity to see the arrival 'in public' of a new, positive collective emotion, which cannot happen outside a gathering. The audience can indeed be enthusiastic or in a state of excitement, cold or unmoved, but when it gets enthusiastic about a football player's performance, an almost mythical moment occurs. This player has in fact contributed – through the event constituted by the quality of his play, for example scoring the winning goal – to the crowd's becoming an audience in a state of jubilation, which is one of the ways in which an audience emerges. The opposite side of the coin is that violence can also arise out of this form of public situational ontology. A fight, riot, brawl, attack or simple rude

maintien de l'ordre frontal sont inefficaces. Une telle vision de la foule comme intrinsèquement dangereuse pousse à une attitude policière ostentatoire qui ne peut – d'après les auteurs – que renforcer le processus de constitution identitaire collective potentiellement négative. Selon eux, si l'influence de la posture policière peut amener à cristalliser l'opposition, elle peut inversement contribuer à favoriser l'autorégulation au sein de la foule. Pour résumer, ils suggèrent que dans tous les cas les stratégies policières mises en place ont une forte influence sur le comportement de la foule, pour le meilleur et pour le pire. Afin, concluent-ils, que la vision classique de la foule comme dangereuse n'alimente pas une prophétie autoréalisatrice du fait d'une stratégie policière inadéquate, il convient non plus de réfléchir de façon primaire au contrôle des foules par la police mais de s'interroger sur les leviers qui permettent à la foule de s'autoréguler. En cela, les enjeux autour de la visibilité de la police, de son équipement et de son attitude, qui sont autant de moyens de communiquer positivement avec la foule, vont s'avérer cruciaux.

On le voit au travers de la réflexion des nouvelles psychologies de la foule qui irriguent aujourd'hui les doctrines policières en matière de maintien de l'ordre, il convient de tenir compte du fait que cette dernière peut changer d'état lorsqu'un « événement » se produit en son sein qui fait basculer le régime d'existence des individus rassemblés de la coprésence à la coexistence, autrement dit lorsque quelque chose se produit qui fait émerger la perception du commun de la part des membres qui composent la foule (réaction jugée disproportionnée de la police par exemple). Un autre exemple de ce type de situation de stimulation d'une attention commune est le blocage aux entrées d'une manifestation, générant une forte attente. Là où la foule rassemblée se comportait avant le blocage de façon fluide et individualisée, va apparaître de la solidité, du compact créant du collectif. L'augmentation de la densité qui en découle va provoquer une prise de conscience par les individus de la solidarité qui les lie dans la situation. Tous sont alors soumis à un processus puissant de collectivisation de leur expérience puisqu'ils sont tous à la fois victimes et auteurs de la densité inconfortable qui s'installe. Chacun(e) va alors être en mesure de se rendre compte de l'épreuve en quoi va consister ce rapprochement physique contraint qui a pour source la rupture de fluidité et la contrainte d'immobilité. Des réactions individuelles (reprises ou non collectivement) peuvent alors se faire jour du fait de ce changement d'état et faire basculer la situation de l'équilibre au déséquilibre, entraînant des difficultés de gestion grandissantes pour l'organisateur (malaises

comment create an audience out of a crowd, as a point of focus is produced which makes the individuals gathered together become aware that something is happening, and that they are experiencing it together. Whatever their social or personal characteristics before this situation, the members of the crowd will be affected by this event.

In the context of big events, Dominique Boullier, Stéphane Chevrier and Stéphane Juguet develop the idea of the existence of attractors which can 'mobilise attention' and 'form a container, which directs passions, provokes them and does not merely channel bodies like molecules in a pipe'.[6] The conversion of a crowd into an audience is therefore made possible by the existence of an attractor which generates the shared experience, itself the carrier of socialising virtues. As Quéré puts it very well, 'One may therefore suppose that the experience shared together creates a bond: indeed, the shared experience of a work or an event, or the shared endurance of some ordeal, creates a certain form of bond ... let us say the bond common to a sharing of fate.'[7] Earlier in his text, Quéré also writes: 'The audience may be characterised as a group sharing an adventure: what it does collectively, by attending a performance (which may be a game or a competition), the interpretation of a work or the presentation of a work of fiction, or even visiting an exhibition, is to put the finishing touches to a configuration and expose itself together to something which has the power to affect and reveal.'[8] This approach is very close to American philosopher John Dewey's conception of the audience, according to which this entity contains the democratic fermenting agent which acts once the awareness of coexistence leads to an investigation and deliberation process aimed at defining the forms of the public good.[9] That being so, let us keep the idea that the audience created at big sports events not only has a recreational or purely emotional dimension, but also involves a primary political experience which should be regarded as such.

This description of the involuntary appearance of the audience, developed by the authors we have just quoted, closely matches what we are seeking to identify with regard to the change in state of the crowd and its conversion into an audience at big events. Indeed, the issue at the heart of the organisation of such gatherings is the creation of a festive environment. But this can only happen if the crowd behaves not as a gathering of passive individuals, but as an active audience. The transformation of a crowd into an audience also corresponds to a status change of its members from spectators to actors, as when they noisily encourage their team, applaud, shout or in any way manifest a presence as well as an interest in what is happening in front of them. The '12th man' expression

Seoul 1988: Athletics, 4x400m relay Women –
Athletes wave to the public
—
Séoul 1988: Athlétisme, relais 4x400m Femmes –
Les athlètes saluent le public

physiques, état de panique, mouvements d'humeur, manifestations de rébellion, tentatives de passage en force, etc.).

Nous pourrions conclure de ce qui précède que le passage de la coprésence à la coexistence marque la conversion de la foule en public. C'est en effet bien moins la foule comme « simple » rassemblement qui nous intéressera ici que le changement d'état opéré par ce rassemblement lorsque la foule se transforme en public, lorsqu' « il se passe quelque chose ». Comme l'écrit le sociologue français Louis Quéré, « Le public se définit au départ en termes d'expérience partagée. Ce qui caractérise le public, c'est qu'il a ou fait une expérience ensemble.[5] » Au-delà des risques qui y sont associés, une foule constitue aussi l'opportunité de voir advenir « en public » une émotion collective inédite positive, qui ne peut pas surgir en dehors du rassemblement. Le public peut en effet être chaud ou en effervescence, glacial ou anesthésié, mais quand il s'enthousiasme pour la prestation sportive d'un athlète, un moment quasi-mystique se produit. Ce dernier a en fait contribué – par l'événement que constitue la qualité de son geste ayant par exemple amené à marquer le but de la victoire – à ce que la foule se réalise comme public dans un registre de liesse, qui est une des modalités d'apparition du public. Revers de

used in football is a reference to the fans as the 12th member of the team, who can influence the result of a match. The action of supporting the team is an active part of the situation, revealing the existence of a collective player created from the amorphous mass of the crowd and displaying his presence. The role of the audience for athletes and players is easily understood when you see the participants asking the audience to support them, like the pole vaulter who asks the audience to clap before beginning his run, or the tennis player who asks the audience to support him when in a difficult situation. The shape of the stadium, the density and proximity it creates for the individuals gathered within a crowd, thus constitute a receptacle suited to launching this process of turning a crowd into an audience. This is its function as well as its horizon, as an architectural and political project.

While individuals are expected to engage publicly in a public space, it is also expected that this space will offer possibilities for such engagement to take place. The audience for a big event is created in and by (public) action, in interaction with an environment which is both material and immaterial. All the measures taken to lay out the space, direct the flows and ensure the comfort of the spectators help to reveal the latent audience within the gathered crowd, an audience which can appreciate the services offered and from these enjoy a good experience. For the crowd to become an audience, preparatory work by the organisers is key. The idea is both to provide the technical arrangements which allow the show to take place, but also and above all to get the space ready, to provide its 'user instructions' – these include defining access routes and directions of flow, zoning and access control, external barriers (to delimit the perimeter) and internal ones (reserved areas). A large part of risk management lies in making arrangements which orientate behaviours in a favourable direction.

In their analysis of safety management at big events as 'air conditioning', Boullier, Chevrier and Juguet develop the idea that big events aim to 'make the air conditioning break down' in order to create an event, and this takes the form of efforts to warm up the audience, create atmosphere and basically produce the requisite conditions for getting an audience into intense celebratory mode. Seen from this angle, they conceive the safety arrangements as 'cooling circuits' which stop this build-up turning into an explosion. These 'air conditioning controls' involve deciding how to arrange the space and monitoring the 'temperature', but also require the expertise of the people tasked with cooling an overheated situation which threatens to get out of hand, an activity which presupposes watching constantly for any 'clues' to a change in the state of the audience, which must be identified, assessed and addressed. The quality of the

la médaille, la violence peut aussi naître de cette forme d'ontologie du public qui se donne à voir en situation. La bagarre, l'émeute, la rixe, l'agression ou simplement l'incivilité font exister un public à partir de la foule, parce qu'un point d'attention se crée qui fait prendre conscience aux individus rassemblés qu'il se passe quelque chose et qu'ils sont en train de le vivre en commun. Quelles que soient leurs caractéristiques sociales ou personnelles antérieures à la situation, les membres de la foule vont alors être affectés par cet événement.

Dans le contexte des grandes manifestations, Dominique Boullier, Stéphane Chevrier et Stéphane Juguet développent l'idée de l'existence d'attracteurs censés « mobiliser l'attention » et « constituer un contenant, qui oriente les passions, les suscite et ne se contente pas seulement de canaliser les corps comme autant de molécules dans un tuyau[6] ». La conversion de la foule en public est donc rendue possible par l'existence d'un attracteur constitutif de l'expérience en commun, elle-même porteuse de vertus socialisatrices. Comme l'exprime très bien Quéré, « On peut aussi supposer que l'expérience eue ensemble est créatrice de lien: en effet, s'exposer ensemble à une œuvre ou à un événement, ou endurer ensemble une épreuve, crée une certaine forme de lien, [...] disons le lien propre à une communauté de destin.[7] » Un peu avant dans son texte, Quéré écrit également: « Le public peut être caractérisé comme une communauté d'aventure: ce qu'il fait collectivement, à travers l'assistance à une représentation (qui peut être un jeu, une compétition), à l'interprétation d'une œuvre ou à la présentation d'une fiction, voire à la visite d'une exposition, c'est parachever une configuration et s'exposer ensemble à quelque chose qui a le pouvoir d'affecter et de révéler[8] ». Cette démarche est très proche de la conception du public du philosophe américain John Dewey pour qui cette entité contient en germe le ferment démocratique dès lors que la prise en compte de la coexistence débouche sur une activité d'enquête et de délibération visant à définir les modalités du bien public[9]. Ce faisant, retenons l'idée selon laquelle le public des grandes manifestations sportives ne comporte pas seulement une dimension ludique ou purement émotionnelle mais qu'il renvoie à une expérience politique primaire qu'il convient de considérer comme telle.

Cette description de l'apparition involontaire du public, développée par les auteurs que nous venons de citer, correspond bien à ce que nous cherchons à identifier s'agissant du changement d'état de la foule et de sa conversion en public lors de grandes manifestations. Ce qui est l'enjeu dans l'organisation de tels rassemblements, c'est de réussir à en faire une

relations between 'coolers' and 'heaters' is central here, as their reciprocal influence can give rise to or avoid an unsafe situation. In particular, the main feature of managing safety at big events is avoiding the 'thermal shock' resulting from the wrong doses in the techniques to maintain order (the authors use the example of managing the end of an event and evacuation of the site). If the space has to be arranged so as to include the climate control functions,[10] it must also allow the expected situation of a crowd turning into a festive audience to occur.

FINDING THE RIGHT BALANCE

Turning an event into a real celebration, filling a stadium with emotion and ensuring that the audience remembers the experience as a fantastic occasion requires numerous ingredients. Between rules and their flexible application, the role of those in contact with the spectators is paramount. Depending on the compromises found in each case, the same situation may degenerate or remain under control. Those taking part in a big event are in celebration mode, and so they break with the expected norms of behaviour in terms of the use of public space, both in their interactions with other people and in their use of the built or laid-out environment. It is therefore necessary to apply in a flexible way the usual rules which ensure the maintenance of urban order and to strike the right balance so as to allow a festive demonstration whilst guaranteeing the safety and smooth running of the sports event. In this context, good training for the people in contact with the spectators is vital; and it is important that they know how to adapt the rules and the application of them in order to strike the right balance between an outpouring of joy in a celebratory moment and the maintenance of urban order. To prevent situations from getting out of hand, numerous safety measures are applied when organising an event. The balance must allow spectator safety to be ensured but with the least possible impact on the creation of a celebratory atmosphere during the event. The desire to be protected from dangerous individuals and inappropriate behaviour is matched by the need to welcome people in a festive atmosphere in order to ensure they take away a positive experience from the event.

This is therefore what makes the task of crowd management particularly delicate. Depending on the characteristics of the situation, an audience may (or may not) be born out of a crowd in a positive (or negative) form and for a period whose duration it is not possible to determine beforehand. Added to this is the fact that situations are by definition

« fête ». Or, cette notion de fête ne peut advenir que si la foule ne se comporte pas comme un rassemblement d'individus passifs mais comme un public actif. Sa transformation en public correspond également à une mutation de ses membres du statut de spectateurs à celui d'acteurs, comme lorsqu'ils encouragent bruyamment leur équipe, applaudissent, crient, chantent, bref, manifestent une présence tout autant qu'un intérêt pour le spectacle proposé. L'expression footballistique du « 12e homme », qui qualifie le public de supporters comme membre surnuméraire de l'équipe en capacité d'influer sur le résultat du match désigne bien cet horizon. L'action supportrice est partie prenante de la situation, manifestant l'existence d'un acteur collectif qui s'extrait de l'amorphie de la foule pour manifester sa présence. Le rôle du public pour les sportifs se comprend aisément lorsqu'on voit les participants demander au public de les supporter, que ce soit le sauteur à la perche qui, juste avant de s'élancer, demande au public d'applaudir ou le tennisman qui, en situation difficile, demande à son public de le soutenir. La forme du stade, la densité et la proximité qu'il procure aux individus rassemblés au sein d'une foule, constitue ainsi un réceptacle ajusté à l'enclenchement de ce processus de conversion de la foule en public. C'est sa fonction tout autant que son horizon, en tant que projet architectural et politique.

S'il est attendu des individus qu'ils s'engagent publiquement dans l'espace public, il est également attendu que cet espace offre des possibilités pour la réalisation de cet engagement. Le public d'une grande manifestation se constitue dans et par l'action (publique) en interaction avec un environnement à la fois matériel et immatériel. Toutes les mesures prises pour aménager l'espace, orienter les flux et garantir le confort des spectateurs tendent à révéler le public qui sommeille dans la foule rassemblée, public à même d'apprécier la prestation offerte et d'en tirer une bonne expérience. Pour que la foule puisse devenir un public, le travail de préparation de l'organisateur est central. Il s'agit à la fois de prévoir le dispositif technique permettant au spectacle d'avoir lieu mais aussi et surtout d'apprêter l'espace, de prévoir son « mode d'emploi », en incluant notamment la définition de voies d'accès et de circulation, le zoning et le contrôle d'accès, le barriérage extérieur (délimitation du périmètre) et intérieur (espaces réservés). Une bonne partie de la gestion des risques passe par un aménagement qui oriente les comportements dans un sens favorable.

Dans leur analyse de la gestion de la sécurité des grandes manifestations, Bouillier, Chevrier et Juguet développement l'idée que les grandes manifestations

Crowd management at London 2012: A volunteer speaks to the crowd
—
Crowd management à Londres 2012 : Une volontaire s'adresse à la foule

fluid; the means whereby a crowd becomes an audience are similarly unstable and likely to change at any moment. So not everything can be predicted beforehand, and uncertainty remains as to whether the arrangements made to host those attending match the dynamics of the event as it takes place. What makes the 'event' is the creation of an audience with a particular intensity, whose positive or negative qualities are not immediately obvious. While this instability linked to the crowd and its ability to become an audience in a positive or negative way creates uncertainty and risk, it is also an opportunity to create an exceptional occasion which will lie at the heart of the experience. The collective outpouring of joy after a win by your team, or witnessing Usain Bolt setting a new world record in the 100m, are moments when the shared experience is unique and therefore precious, uniting in the same surge of emotion all those who are present together in the 'here and now'. The uncertainty linked to big events is due to the fact that nobody knows when this sublime moment will occur, if it does at all. This is doubtless what explains, in a form of political anthropology, the continued existence of such gatherings: the experience of this shared moment is irreplaceable; its value cannot therefore be compared with watching a match from a distance on TV. It requires being there, a physical, bodily engagement with the action, to achieve its fullest potential. If we link

sont des dispositifs visant à « dérégler la climatisation » pour faire événement, ce qui se traduit par des dispositifs d'animation visant à chauffer le public, mettre de l'ambiance, bref de créer des conditions favorables à l'apparition du public sous un mode d'intensité festive. Sous cet angle, ils conçoivent alors les dispositifs de sécurité comme des « circuits de refroidissement » permettant d'éviter l'explosion de la « bulle climatique ». Ces « prises sur la climatisation » sont de l'ordre de l'aménagement de l'espace et de la surveillance de la « température », mais elles sont aussi de l'ordre des compétences des acteurs chargés de refroidir une situation trop chaude qui menacerait de déborder, activité supposant une attention permanente aux « indices » d'un changement d'état du public qu'il s'agit de repérer, d'évaluer et de traiter. La qualité de la relation entre « refroidisseurs » et « chauffeurs » est ici centrale car de leur influence réciproque peut naître une situation d'insécurité ou non. En particulier, le propre de la pratique de gestion de la sécurité des grandes manifestations revient à éviter le « choc thermique » issue d'un mauvais dosage dans les techniques de maintien de l'ordre (les auteurs prennent à ce titre l'exemple de la gestion de la fin de la manifestation et de l'évacuation du site). Si l'espace aménagé doit pouvoir intégrer des fonctions régulatrices du climat[10], il doit également permettre à la situation attendue d'apparition du public festif d'advenir.

TROUVER LE BON ÉQUILIBRE

Faire d'une manifestation une véritable fête, qu'un stade s'embrase d'émotions, et que l'expérience du public reste gravée dans les mémoires comme un moment de grande ferveur implique de nombreux ingrédients. Entre règle et souplesse d'application, le rôle des acteurs au contact des spectateurs est clef. En fonction des compromis établis au cas par cas, une même situation peut dégénérer ou rester sous contrôle. Les participants d'une grande manifestation sont dans une logique festive et ils rompent dès lors avec les attendus normatifs en terme d'usage de l'espace public, tant dans leurs interactions avec autrui que dans leur utilisation de l'environnement bâti ou aménagé. Il est

these considerations with the characteristics of our age, we realise the full relevance of our 'big events'. At a time when our contemporary Western societies seem riven with individualism and self-centredness, big events constitute an exception, an incongruous form of wishing to be with others to enjoy an experience that is intense precisely because it is shared with others.

Notes

1. Gustave Le Bon, *Psychologie des foules* (Paris: PUF, 2003; 1st edn 1895).
2. Agnès Sander, 'Avant-propos du dossier paquebots urbains', *Flux*, no. 50 (2002), pp. 4–5.
3. See Dominique Boullier, *La ville événement: foules et publics urbains*, 'La ville en débat' series (Paris: PUF, 2010).
4. Stephen Reicher, Clifford Stott, Patrick Cronin and Otto Adang, 'An integrated approach to crowd psychology and public order policing', *Policing: An International Journal of Police Strategies & Management*, vol. 27, no. 4, 2004, pp. 558–72.
5. Louis Quéré, 'Le public comme forme et comme modalité d'expérience', in D. Cefaï and D. Pasquier (eds), *Les sens du public: publics politiques, publics médiatiques*, 'Curapp' series (Paris: PUF, 2003), pp. 113–34.
6. Dominique Boullier, Stéphane Chevrier and Stéphane Juguet, *Événements et sécurité: les professionnels des climats urbains* (Paris: Les Presses des Mines, 2012).
7. Quéré, 'Le public comme forme', p.120.
8. Ibid., p.119.
9. John Dewey, *Le public et ses problèmes* (Paris: Leo Scheer, 2003).
10. On this point, see Paul Landauer, *L'architecte, la ville et la sécurité*, 'La ville en débat' series (Paris, PUF, 2009).

dès lors nécessaire d'appliquer les règles usuelles permettant de garantir l'ordre urbain de manière souple et de trouver le juste équilibre pour permettre la démonstration festive tout en garantissant sécurité et bon déroulement de l'événement sportif. Dans ce contexte, la bonne formation des acteurs au contact des spectateurs est un enjeu majeur et il est important qu'ils puissent adapter les règles et leurs applications pour trouver le juste équilibre entre démonstration de joie dans un moment festif et régulation de l'ordre urbain. Afin d'éviter les débordements, de nombreuses mesures sécuritaires sont mises en œuvre dans l'organisation d'une manifestation. L'équilibre doit permettre d'assurer la sécurité des spectateurs tout en impactant au minimum l'établissement d'un climat de fête durant l'événement. À la volonté de se protéger d'individus dangereux et de comportement déplacés se superpose la nécessité d'accueillir des personnes de manière festive pour garantir une expérience positive de la manifestation.

Voilà donc ce qui rend l'activité de gestion de foule particulièrement délicate. Selon les caractéristiques de la situation, le public peut naître de la foule (ou pas) sous une forme positive (ou négative) et pour une durée dont il n'est pas possible a priori de déterminer l'étendue. Ajoutons à cela que les situations étant par définition mouvantes, les formes d'apparition du public sont de même instables et susceptibles de basculements en permanence. Tout n'est donc pas prévisible et il persiste une incertitude sur l'adéquation du dispositif d'accueil mis en place à la dynamique de déroulement de la manifestation qui par elle-même est difficile à prévoir. Ce qui fait un événement c'est la constitution d'un public avec une intensité particulière, dont la qualité positive et négative n'est pas donnée d'emblée. Si cette instabilité liée à la foule et à sa capacité à se réaliser comme public dans un sens positif ou négatif génère de l'incertitude et du risque, elle constitue également l'opportunité de faire advenir un régime d'exception qui fera le sel de l'expérience. La liesse collective après la victoire de son équipe ou l'établissement d'un nouveau record du monde par Usain Bolt lors du 100 m sont des moments où l'expérience partagée est unique donc précieuse, rassemblant en un même élan ceux qui sont en situation de coprésence « ici et maintenant ». L'incertitude liée aux grandes manifestations tient au fait qu'on ne sait jamais quand va survenir ce moment de grâce ni même s'il va se produire. C'est sans doute ce qui explique dans une forme d'anthropologie politique la persistance de ces grands rassemblements : l'expérience de ce moment vécu en commun est irremplaçable, sa valeur est en ce sens incomparable à la vision d'un match devant sa TV. Il implique une présence, un engagement physique,

Los Angeles 1984: Opening ceremony
- American spectators
—
Los Angeles 1984: Cérémonie
d'ouverture - Des spectateurs
américains

Los Angeles 1984: A fan of the Unites
States in the middle of the crowd
—
Los Angeles 1984: Un supporter des
Etats-Unis au milieu du public

corporel dans l'action pour donner sa pleine mesure. Si
l'on relie ces considérations avec les caractéristiques de
notre époque, on prend la mesure de la pertinence de
notre objet « grandes manifestations ». En ces temps
où nos sociétés occidentales contemporaines semblent
minées par l'individualisme et le repli sur soi, les grandes
manifestations constituent une exception, une forme
incongrue de volonté d'être-ensemble pour vivre une
expérience intense, précisément parce qu'elle est partagée
avec d'autres.

Notes
1. Gustave Le Bon, Psychologie des foules
   (Paris : PUF, 2003 ; 1ère éd. 1895).
2. Agnès Sander, « Avant-propos du dossier
   paquebots urbains », Flux, n° 50 (2002),
   pp. 4-5.
3. Voir Dominique Boullier, La ville
   événement : foules et publics urbains,
   coll. « La ville en débat » (Paris: PUF,
   2010).
4. Stephen Reicher, Clifford Stott, Patrick
   Cronin and Otto Adang, « An integrated
   approach to crowd psychology and public
   order policing », Policing: An International
   Journal of Police Strategies & Management, vol. 27, n° 4 (2004), pp. 558-572.
5. Louis Quéré, « Le public comme forme
   et comme modalité d'expérience », dans
   D. Cefaï et D. Pasquier (dir.), Les sens
   du public : publics politiques, publics
   médiatiques, coll. « Curapp » (Paris : PUP,
   2003), pp. 113-134.
6. Dominique Boullier, Stéphane Chevrier et
   Stéphane Juguet, Événements et sécurité
   : les professionnels des climats urbains
   (Paris : Les Presses des Mines, 2012).
7. Quéré, « Le public comme forme »,
   p. 120.
8. Ibid., p. 119.
9. John Dewey, Le public et ses problèmes
   (Paris : Léo Scheer, 2003).
10. Voir sur ce point Paul Landauer,
    L'architecte, la ville et la sécurité, coll.
    « La ville en débat » (Paris : PUF, 2009).

Feta Ahamada
(COM, 100m, 200m)
The athletics stadium is full every day, mornings and afternoons. The noise the crowd makes! You can really hear people screaming, and so that was when I felt a little bit stressed.

Feta Ahamada
(COM, 100 m, 200 m)
Le stade d'athlétisme est plein tous les jours, matins et après-midis. Le bruit que ça fait ! On entend vraiment les gens crier et donc j'ai eu un petit moment de stress à cet instant-là.

Dick Fosbury
(USA, high jump)
You know, when you're in a stadium with 80,000 people most people suffer stage fright and your nerves just blow you up, but you know if you've had enough experience you can control that.

Dick Fosbury
(USA, saut en hauteur)
Au beau milieu d'un stade avec 80 000 personnes, la plupart des gens ont le trac et perdent leurs moyens. Pourtant, quand on a suffisamment d'expérience, on arrive à maîtriser ses émotions.

ATHLETES ON STADIUMS LES ATHLÈTES DANS LES STADES

ATHLETICS ATHLÉTISME ATHLETICS ATHL

STADES

London 2012

ATHLETICS ATHLÉTISME ATHLETICS

ATHLÈTES DANS LES STADES ATHLETES ON STADIUMS

Kristijan Efremov
(MKD, 400m)
The atmosphere at the Olympic Stadium was great. 80,000 people, that's a huge number. The ovation, the emotion they were sending to us. The audience was really great and I think that motivated me a lot to improve my personal best and to represent my country while at the Olympics.

Kristijan Efremov
(MKD, 400 m)
L'ambiance dans le stade olympique était incroyable; 80 000 spectateurs, c'est énorme. Ils nous ont ovationnés, nous ont transmis plein d'émotion. Le public a été formidable, je pense que ça m'a énormément encouragé à améliorer mes records personnels et à représenter mon pays pendant les Jeux.

Los Angeles 1984

ATHLÉTISME **ATHLETICS** ATHLÉTISME

STADES **ATHLETES ON STADIUMS**

London 2012

Ed Moses
(USA, 400m hurdles)
To compete at the 1984 Games, at the Coliseum, was huge in track and field because that was one of the biggest crowds that I competed against. I think it was 90 plus thousand, and being able to do that at home was just outstanding.

Ed Moses
(USA, 400 m haies)
En tant qu'athlète, ma participation aux Jeux de 1984 au Coliseum a été un moment très fort, car je m'étais rarement retrouvé face à tant de spectateurs. Ils étaient plus de 90 000. Le fait de pouvoir concourir dans mon pays a été extraordinaire.

ARTS AND OLYMPIC SITES

ART ET SITES OLYMPIQUES

CHANGING PLACES: NEVILLE GABIE, ARTIST-IN-RESIDENCE ON THE SITE OF LONDON 2012

« CHANGING PLACES » : RÉSIDENCE ARTISTIQUE DE NEVILLE GABIE SUR LE PARC OLYMPIQUE DE LONDRES 2012

BEN McCORMICK

When the Olympic Delivery Authority commissioned Neville Gabie for the London 2012 Games, it was not only the first time there had been an artist-in-residence on an Olympic Park, it was a bold move. The commissioners had no idea what he would produce.

L'*Olympic Delivery Authority* a pris une décision audacieuse en faisant appel à Neville Gabie pour les Jeux de 2012 à Londres. Il s'agissait en effet du tout premier artiste en résidence sur un parc olympique. Les membres de l'autorité n'avaient alors aucune idée du résultat.

The London 2012 Games marked the first time in the modern era that an artist-in-residence had been commissioned to produce artworks while the site was being delivered. It is as yet the last time, too, despite what the artist Neville Gabie believes was a forward-looking, visionary decision on the part of the Olympic Delivery Authority (ODA).

From September 2010 till March 2012, when the London Organising Committee for the Olympic Games (LOCOG) took over the site, Gabie produced a series of striking works of art in a range of media that drew heavily on his fascination with place, the changing use of space, scale, measurement and sport.

These themes were explored in a range of projects under the overarching banner 'Great Lengths 2012' and included a homage to one of Georges Seurat's most famous paintings (*Bathers at Asnières*), a film telling the story of a Turkish Cypriot immigrant swimming in the Olympic pool and an attempt to sit in all 62,000 seats of the Olympic Stadium.

But when he first received the commission – something he described as a once-in-a-lifetime chance – South African-born artist Gabie had little idea of what he wanted to produce and had told the ODA they needed to wait three months before he would make his final proposals. It was convincing them this was the only way to deliver something truly responsive to the site that Gabie believes

London 2012: Aerial view of the Olympic Park (under construction)

—

Londres 2012: Vue aérienne du parc olympique (en construction)

Pour la première fois de l'ère moderne, un artiste a été chargé de créer des œuvres d'art dans le cadre d'une résidence sur le chantier du site des Jeux de Londres 2012. C'est aussi, jusqu'à présent, la dernière fois, même si l'artiste Neville Gabie juge la décision de l'*Olympic Delivery Authority* (ODA), l'autorité en charge de la livraison des sites olympiques, résolument novatrice.

De septembre 2010 à la prise de possession du site par le comité d'organisation des Jeux Olympiques

de Londres (LOCOG) en mars 2012, Neville Gabie a puisé dans sa fascination pour les lieux, les espaces en mutation, les proportions, la mesure et le sport pour créer une série d'œuvres saisissantes sur différents supports.

Ces thèmes ont été explorés dans le cadre de plusieurs projets regroupés sous le nom de *Great Lengths 2012*, parmi lesquels un hommage à l'une des œuvres les plus célèbres du peintre Georges Seurat (*La baignade à Asnières*), un film sur une immigrée chypriote turque nageant dans la piscine olympique, et une expérience de l'artiste au cours de laquelle il a tenté de s'asseoir dans les 62 000 sièges du stade olympique.

Pourtant, lorsqu'il a décroché la commande – qu'il décrit comme une opportunité exceptionnelle – cet artiste originaire d'Afrique du Sud n'avait pas la moindre idée de ce qu'il allait faire; il avait d'ailleurs annoncé aux membres de l'ODA qu'il ne présenterait son projet qu'au bout de trois mois. Selon lui, il s'est démarqué et a finalement été choisi en les convainquant que c'était le seul moyen d'obtenir une œuvre parfaitement adaptée au site.

« Je suis un fervent amateur de sport et cette passion a beaucoup influencé mon œuvre jusqu'à présent, explique l'artiste. Je suis également fasciné par les lieux, et en particulier par les sites en mouvement ou en mutation. Ainsi, l'appel à candidatures pour cette résidence semblait correspondre à chacun de mes centres d'intérêt. Je me suis dit que je ne devais pas laisser passer cette chance et que j'allais remuer ciel et terre pour être sélectionné. »

Le processus de candidature était

particulièrement rigoureux. Dans un premier temps, les artistes devaient présenter un projet libre dans un document de trois pages. L'ODA a ainsi pu sélectionner quelques artistes qui devaient ensuite rédiger un document de 16 pages détaillant précisément leur proposition et le budget correspondant.

« Nous devions ensuite passer un entretien, ajoute Gabie. Je ne m'attendais pas à être retenu, car le contenu de ma candidature était alors un vrai pari. Nous devions décrire précisément notre projet et les moyens pour le mettre en œuvre. Je ne sais pas si vous vous en souvenez, mais cette zone de Stratford était alors cachée par de gigantesques palissades. Personne ne pouvait ne serait-ce qu'entrevoir l'intérieur du site. L'idée de faire une proposition sans m'être rendu sur place me semblait totalement absurde. Ainsi, dans ma candidature, j'ai expliqué que mon projet consistait en fait à m'adapter à ce que je trouverais. Je ne souhaitais pas proposer de projet précis; je leur ai demandé de m'accorder trois mois rien que pour m'imprégner des lieux, du site et des personnes présentes. Ce ne serait qu'à l'issue de cette période que je pourrais leur proposer mon projet. C'était un pari très risqué, mais c'est, d'après moi, ce qui a fait la différence. Je crois les avoir persuadés qu'il était impossible de proposer un projet pertinent sans avoir vu l'environnement à exploiter. À mon avis, beaucoup d'autres artistes leur ont présenté des projets très précis. »

Et d'ajouter : « Ils l'ont très bien compris, ce qui était très positif. Ils recherchaient quelqu'un qui appréhenderait le site sans idées

made the difference and ultimately resulted in the commission.

'I'm a huge fan of sport and that's been an influence in a lot of my work to date', said Gabie. 'And then there's my interest in place and, in particular, locations in a state of flux or change. So when the opportunity to apply for this residency came up, it seemed to hit all my interests in one go. I thought, "I have to apply; I'm going to pull out all the stops, I really want this".'

It was a huge application process. The first round was an open submission in which artists had to write a three-page synopsis. From that stage, the ODA drew up a shortlist of artists who then needed to pen a 16-page document with precise details of what they were proposing and the budget.

'Then we had to go for an interview', said Gabie. 'I was surprised I got through because what I wrote in my application – it was a bit of a gamble at the time. They wanted people to describe exactly the project they were going to do and how they were going to deliver it. I don't know if you remember, but that bit of Stratford was behind these huge hoardings at the time. No one could even see what was inside. The idea of proposing a project when I'd never been on site seemed ridiculous. So in my application, I said what I really wanted to do was respond to what I found. I wasn't going to propose any project; I wanted them to allow me three months just to learn about the place, the site, the people. And then I would come up with the project proposal. It was a real gamble, but I think that was what made the difference. I think I sold them the case that it was impossible to do something responsive if you hadn't seen what you were meant to react to. Whereas I think a lot of people had given them very particular projects.

'They definitely understood that, which was a real positive. And they wanted someone who would approach things in an open-ended way. I have to say, opportunities to work like that are rare. It relies on the commissioner taking a gamble and

trusting that something will come out of the process. And most commissioners who are spending large sums of money want to know exactly what they're going to get for it. It was a huge leap of faith on their part, but quite visionary too.'

Giving visibility to what was going on behind the hoardings Gabie mentions was a key driver for the ODA in embarking on the commission. And in Gabie, they had chosen someone whose background and methods of working were ideal for the project. Having studied sculpture at London's Royal College of Art and developed a taste for working outdoors on streets and building sites – and very much in response to different locations and situations – Gabie became artist-in-residence at Tate Liverpool in 1999. There, he ran a project in a tower block that was marked for demolition, spending five years living and working with other artists, writers and musicians alongside the residents and responding to that community.

He then took a commission on a building site in Bristol where the work was shaped by the people and the context. While giving him a taste for the rigours of working alongside construction projects, the residency there also challenged him to adopt different methods of producing artworks and find new ways of communicating with those around him. These experiences were key to shaping Gabie's response to the Olympic Park site and the subsequent projects he ran as artist-in-residence there.

'At the outset, I was very much a maker', he said. 'I still love making things. And when I found myself on the building site in Bristol, I remember thinking, 'fantastic, this is a sculptor's playground with all these materials'. But then on the site, wherever I stood, if I was in one place for five minutes, I was in somebody's way. Actually producing something became really difficult. So I had to find another way of interacting. And the focus started moving away from making something physical to working with this community of people. Because I work in response to different

places, the thing that has to be flexible is the medium with which you respond. So although I still make, I now use a lot of film and photography, which were media I went back to throughout my residency at the Olympic site.'

Although there had never been an artist-in-residence at the Olympic Games before, there is a strong tradition of arts dating back to the ancient Greeks. The original Games were seen as an opportunity to spread Greek culture throughout the Mediterranean, so, as well as athletics, sculpture, poetry and the arts featured strongly. It's a tradition that has continued; culture was an integral part of the Games imagined by Baron Pierre de Coubertin, and Cultural Olympiads have featured in each edition of the Games in the modern era.

London 2012: Construction of the Olympic
Park (2010)
—
Londres 2012: La construction du parc
olympique (2010)

influence déterminante sur son approche
du site du parc olympique et sur les projets
qu'il y a menés pendant sa résidence.

« Au début, j'étais principalement un
créateur », affirme-t-il. « J'aime d'ailleurs
toujours créer des objets. Une fois,
alors que je me trouvais sur le chantier
de Bristol, je me rappelle avoir pensé
"formidable, c'est un véritable paradis
pour sculpteur avec tous ces matériaux".
Mais ensuite, où que je sois sur le site, je
ne pouvais pas rester au même endroit
plus de cinq minutes sans gêner quelqu'un.
C'était même devenu vraiment difficile de
produire quoi que ce soit. Je devais donc
trouver un autre moyen d'interaction.
J'ai commencé à me détourner de la
création physique pour m'intéresser à
cette communauté d'hommes. Puisque le
principe de mon œuvre est de s'adapter
à différents endroits, le support de travail
doit être flexible. Même si je continue
de créer, j'utilise désormais beaucoup la
vidéo et la photographie, des supports
auxquels j'ai eu recours tout au long de ma
résidence sur le site olympique. »

Aucune résidence n'avait jamais
été proposée dans le cadre des Jeux
Olympiques, pourtant associés à une
forte tradition artistique qui remonte
à la Grèce antique. À l'origine, les Jeux
étaient considérés comme une occasion
de diffuser la culture grecque dans
tout le bassin méditerranéen; c'est
pourquoi la sculpture, la poésie et les
arts y occupaient une place de choix aux
côtés des épreuves d'athlétisme. Cette
tradition s'est perpétuée; la culture
faisait partie intégrante des Jeux imaginés
par le baron Pierre de Coubertin, et des
Olympiades culturelles sont organisées
à chaque édition des Jeux Olympiques
modernes.

« L'aspect sportif des Jeux a pris une
telle importance que le reste semble avoir
été relégué au second plan, du moins
dans les médias, affirme Neville Gabie.
Je trouve que la candidature de Londres
faisait la part belle aux arts et à la culture,
beaucoup plus que d'autres candidatures
olympiques. Et je pense que, si le CIO a

préconçues. J'avoue qu'il est rare
de pouvoir travailler dans de telles
conditions. Cela suppose de la part de
l'ODA une grosse prise de risque et une
certaine confiance en l'issue du projet.
Généralement, les commanditaires
dépensent d'énormes sommes d'argent
et souhaitent savoir exactement ce
qu'ils auront en échange. Les membres
de l'ODA m'ont accordé une confiance
aveugle et se sont également montrés très
visionnaires. »

Selon l'artiste, si l'ODA s'est engagée
dans ce projet, c'était essentiellement
pour donner de la visibilité au site dis-
simulé derrière les palissades. L'expérience
et l'approche de Neville Gabie étaient
idéales pour un tel projet. Il a étudié la
sculpture au *Royal College of Art* à Londres
et développé un intérêt pour le travail en

extérieur, dans la rue et sur les chantiers,
en s'adaptant aux spécificités des lieux
et des situations. En 1999, il a accepté
une résidence à la *Tate Liverpool*, où il a
dirigé un projet dans une tour vouée à la
démolition; pendant cinq ans, il a vécu et
travaillé avec d'autres artistes, écrivains et
musiciens, ainsi qu'avec d'autres résidents,
en s'adaptant à cette communauté.

Il s'est ensuite engagé dans une autre
résidence sur un chantier de Bristol, où
son œuvre a été façonnée par les hommes
et l'environnement. Cette résidence lui a
non seulement inculqué la rigueur requise
pour intervenir en marge des chantiers, mais elle l'a aussi poussé à adopter
d'autres méthodes de création artistique
et à trouver de nouveaux moyens de
communiquer avec les personnes évoluant
autour de lui. Ces expériences ont eu une

Semra Yusuf driving one
of the many buses used
to ferry workers around
the site
—
Semra Yusuf au volant
d'un des nombreux bus
utilisés pour transporter
les ouvriers sur le site

'As the sporting element of the Games has become so strong, those other things seem to have been marginalised and pushed to the side, at least as far as the media is concerned', said Gabie. 'And I think when London made its bid, arts and culture featured heavily; much more than it had in other Olympic bids. And I think one of the reasons the IOC gave the Games to London was because they saw the value of that cultural emphasis.'

'I can think of many reasons why there hasn't been an artist-in-residence on the Olympic site before. You run the risk of getting in the way, the time pressure is huge, there's very little flexibility in the programming of delivering an Olympic Games. So to have an artist faffing around is not ideal. And there were huge difficulties with my residency, which is possibly why another artist-in-residence has not been commissioned for the Rio 2016 Games. When the Games were awarded to London, it had to be a success. I think the original budget was £2bn, whereas it was nearer £10bn when it was delivered. There was a lot of anxiety and criticism in the lead-up to the Games, a lot of pressure. And, politically, it had to be a success. So anything that could in any way undermine that was seen as a huge risk.

'But Sarah Weir, who was heading up the Arts and Culture Strategy team, felt it was really important to give some visibility to all that goes on behind the scenes in the making of the Games as well as delivering the sculptural, visual pieces on the park itself. And I think it was a visionary thing to do. I'd love to see that happening more widely.'

On the whole, the ODA's Arts and Culture team was incredibly supportive of the residency, but issues around how it fitted alongside the larger delivery programme were a continual challenge. Each of the projects delivered had huge obstacles to overcome.

In 2010 Neville Gabie was the first artist ever to be appointed as Artist in Residence during the construction of the Olympic Park, London. Commissioned by the Olympic Delivery Authority, he was given unfettered access to the whole site over a two-year period.
—
En 2010, pendant la construction du parc olympique de Londres, Neville Gabie est le tout premier artiste à être nommé artiste en résidence par l'Olympic Delivery Authority. Pendant deux ans, il pourra circuler librement sur tout le site.

'I can look at all those projects and they all had sticking points', said Gabie. 'When I got on to the Olympic Park, you had to undergo a range of inductions and security checks – it was like going through airport security three times a day. The site was so big and, for safety reasons, you couldn't just walk around it, so there was a team of around 30 bus drivers who ferried everyone to where they were going. And one of the first I met was Semra Yusuf, who had a really interesting history: Turkish Cypriot immigrant, part of the East End community, from a really conservative family and an obsessive swimmer. She swam these amazing distances every day and so I wanted her to swim the distance of her bus route – 1,270 metres – in the Olympic pool. And that was incredibly difficult to organise. A lot of the publicity around the Olympic Games was about it being "The People's Olympics", but when I wanted to get a person who was quite intimately involved in the building of the park and from the East End to be the first person to swim in the pool, it became a massive issue.'

But, despite the obstacles and difficulty of working among an ever-changing cast of 46,000 people engaged in one of the largest UK public building projects in years, Gabie produced a suite of artworks that reflect the immense scale, sheer complexity and great lengths to which those involved needed to go for the Olympic Park to be delivered.

"In my application, I said what I really wanted to do was respond to what I found. I wanted them to allow me three months just to learn about the place, the site, the people." (Neville Gabie).

"Dans ma candidature, j'ai expliqué que mon projet consistait en fait à m'adapter à ce que je trouverais. Je leur ai demandé de m'accorder trois mois que pour m'imprégner des lieux, du site et des personnes présentes" (Neville Gabie).

confié l'organisation des Jeux à Londres, c'est sûrement parce qu'il a saisi tout l'intérêt de cette démarche. »

Et d'ajouter : « Je comprends parfaitement pourquoi aucune résidence n'avait jamais été proposée sur un site olympique. L'artiste risque de gêner, la pression des délais est énorme et le programme de réalisation des Jeux Olympiques est très serré. Tout ça laisse peu de place au travail artistique. Ma résidence a posé d'énormes problèmes, ce qui peut expliquer pourquoi aucune résidence n'a été proposée dans le cadre des Jeux de Rio 2016. Une fois les Jeux attribués à Londres, tout devait être fait pour garantir leur réussite. Je crois que le budget initial de 2 milliards de livres sterling se rapprochait plus de 10 milliards au moment de la tenue des Jeux. La préparation des Jeux était très stressante, les critiques fusaient et la pression était énorme. Sur le plan politique, l'événement devait être un succès. Ainsi, tout ce qui pouvait d'une façon ou d'une autre compromettre ce succès constituait une menace importante. »

« Mais Sarah Weir, responsable de la stratégie culturelle et artistique de l'ODA, a pensé qu'il était vraiment important de montrer les coulisses de la préparation des Jeux, ainsi que la réalisation des œuvres sculpturales et visuelles du parc lui-même. Je trouve cette idée très avant-gardiste et j'aimerais voir ça plus souvent. »

Dans l'ensemble, l'équipe culturelle et artistique de l'ODA a énormément soutenu la résidence, mais son intégration dans le programme de livraison général était un défi de tous les instants. De nombreux obstacles ont dû être surmontés pour chacun des projets réalisés.

« Tous mes projets ont été semés d'embûches, explique Neville Gabie. En entrant dans le parc olympique, je devais accomplir de nombreuses formalités et me soumettre à toute une série de contrôles de sécurité, comme si je franchissais la sécurité d'un aéroport trois fois par jour. Le site était immense et, pour des raisons de sécurité, il était interdit de s'y promener librement; une équipe d'une trentaine de chauffeurs de bus était donc chargée de nous conduire à destination. L'un des premiers chauffeurs que j'ai rencontrés s'appelait Semra Yusuf et son histoire m'a captivé : immigrée chypriote turque vivant dans l'East End londonien, elle était issue d'une famille très conservatrice et était une nageuse obsessionnelle. Elle parcourait quotidiennement de très longues distances à la nage; je lui ai donc demandé de parcourir la distance de son itinéraire de bus, soit 1 270 mètres, dans la piscine olympique. Ce projet a été incroyablement difficile à mettre en place. Beaucoup de publicité avait été faite pour annoncer les "Jeux du peuple"; pourtant, le fait qu'une habitante de l'East End étroitement liée à la construction du parc soit la première à nager dans la piscine a posé un énorme problème. »

En dépit des obstacles et des problèmes rencontrés au sein d'une équipe de 46 000 personnes en renouvellement permanent, dans le cadre de l'un des plus grands projets de génie civil entrepris au Royaume-Uni depuis de nombreuses années, Neville Gabie a produit une série d'œuvres d'art reflétant l'ampleur et la complexité du projet, ainsi que les efforts considérables déployés pour la réalisation du parc olympique.

Neville Gabie talks through each of the main works he produced as part of the Olympic Park artist-in-residence programme.

Neville Gabie during his attempt to sit in every seat in the stadium
—
Neville Gabie durant sa tentative de s'asseoir sur chaque siège du stade

EVERY SEAT IN THE STADIUM

(Video, performance, Olympic Stadium, May–September 2011)

Neville Gabie during his attempt to sit in every seat in the stadium
—
Neville Gabie durant sa tentative de s'asseoir sur chaque siège du stade

I spent a lot of time in the different stadiums. I would have loved to have done something in the velodrome, but I didn't get the chance. You stand in these spaces when there's nobody there and it's quite extraordinary. You suddenly feel really small. A project I did with Penguin publishers involved taking pictures of goalposts in South America and, as part of that, I went to the stadium where the 1978 World Cup was held in Argentina. It's a powerful experience being in a stadium on your own. But standing in the middle of the Olympic Stadium and feeling really small, I thought: how, as one person, can you do something that measures the scale of this space? My way was an attempt to put myself in each seat and see how long that took. It was very much about giving a sense of the building's scale in relation to a single person. In the end, I sat in about 46,000 – that took three weeks and was really hard on my knees; I just couldn't complete it.

I had a routine. I had to look at the grass in the centre, as if I was an observer. Sit, log, move on. To keep the seats clean, they all had plastic bags on them, so I had to have one person in front of me removing the plastic bags and someone else behind me putting them back on. One of them was my son, who after three weeks

of that didn't want to speak to me again!

I had a finite amount of time and, in a way, it wasn't about whether I did it or not. It was about the attempt. But that was a really difficult project. I asked if I could do it and everyone just said no. So I spoke to an engineer and he said if I wait for permission to do anything on this park, nothing will ever happen. Just do it and apologise afterwards. So I started filming myself doing a day of sitting on the seats. All hell broke loose. And where I'd been trying for weeks to speak to the chief executive at the ODA to get permission – and had failed – all of a sudden I was in his office being asked why I was

doing this. But because I was able to show him the footage and explain what I was trying to achieve, he said 'OK fine, carry on'. For them, with the pressure they were under to deliver, it was easier to say no. Once they could see I wasn't going to hold up the project, they were OK with it.

When it was shown, the reaction from people was quite humorous. But I'm not afraid of using humour in my work. Sometimes art takes itself too seriously and I think you can make a serious point through humour anyway.

Neville Gabie passe en revue chacune des œuvres emblématiques créées lors de sa résidence artistique au sein du parc olympique.

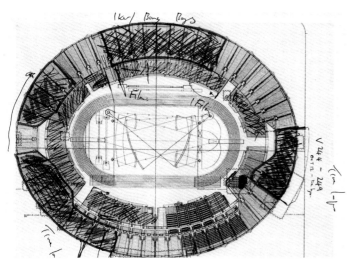

The artist's plan of how to achieve his goal
—
Le plan de l'artiste pour atteindre son objectif

EVERY SEAT IN THE STADIUM

(Vidéo, performance, stade olympique, mai-septembre 2011)

J'ai passé beaucoup de temps dans les différents stades. J'aurais adoré travailler sur un projet au vélodrome, mais je n'ai pas eu cette chance. Se trouver dans un stade vide est une expérience vraiment extraordinaire. On se sent tout de suite minuscule. Je me suis rendu dans le stade qui a accueilli la Coupe du Monde de 1978 en Argentine afin de photographier des cages de football dans le cadre d'un projet réalisé pour la maison d'édition Penguin Books. Le fait de se retrouver seul dans un stade procure des sensations particulièrement intenses. C'est pourquoi, alors que je me sentais tout petit en plein milieu du stade olympique,

je me suis demandé comment une seule personne pourrait mesurer l'immensité du lieu. Pour répondre à cette question, j'ai tenté de m'asseoir dans chacun des sièges du stade et d'évaluer le temps que cela prendrait. L'idée était vraiment de rendre compte de la dimension du lieu par rapport à une seule personne. Au final, je me suis assis dans près de 46 000 sièges en trois semaines et des problèmes de genoux m'ont empêché d'aller au bout de l'expérience.

Je procédais toujours de la même façon. Je me mettais dans la peau d'un spectateur en regardant la pelouse au centre du stade. S'asseoir, consigner, changer de

siège. Des sacs en plastique recouvraient tous les sièges pour qu'ils restent propres; une personne me précédait donc pour les retirer et une autre me suivait pour les remettre. L'une d'entre elles était mon fils, qui, au bout de trois semaines, ne voulait plus m'adresser la parole.

Je disposais d'un temps limité, mais le but n'était pas vraiment de s'asseoir dans tous les sièges. C'est la tentative qui importait. Ce projet s'est révélé vraiment difficile. J'ai demandé la permission et tout le monde a refusé. Je me suis donc adressé à un ingénieur, qui m'a dit que je ne ferais jamais rien si j'attendais l'autorisation d'entreprendre quoi que ce soit dans ce parc : « Allez-y et vous vous excuserez après. » J'ai donc commencé à me filmer pendant une journée. La réaction ne s'est pas fait attendre. Alors que j'avais tenté, en vain, d'obtenir un rendez-vous avec le président de l'ODA pendant des semaines, j'ai été immédiatement convoqué dans son bureau pour m'expliquer. J'ai donc pu lui montrer ce que j'avais filmé et lui expliquer le but de mon expérience, après quoi il m'a dit : « C'est bon. Vous pouvez continuer ». Face à la pression qu'ils devaient supporter pour la livraison du site, il était plus simple pour eux de refuser. Dès qu'ils ont compris que mon expérience ne les retarderait pas, elle ne les a plus gênés.

Lors de la diffusion de la vidéo, la réaction des spectateurs était plutôt amusée. Je n'ai pas peur d'intégrer l'humour à mon travail. L'art se prend souvent trop au sérieux et je suis convaincu qu'on peut recourir à l'humour pour véhiculer un message grave.

FREEZE FRAME

(Photograph, *Metro* newspaper, 26 January 2012)

When I was shown the visualisations of what they were trying to build on the park, it was really interesting because the parallels to Seurat's *Bathers at Asnières* were incredibly strong. I immediately went to the National Gallery to see it. Seurat painted it in the 1880s, and it was a radical painting at the time because it was the first by an artist to depict an urbanised, working-class community in a city centre with the drivers of that urbanisation – the factories – in the background.

And I thought, this was the first really industrialised area of London, but, in its current post-industrialised state, we're now using sports and leisure as the driver for regeneration. And the people in Seurat's painting, white working class, were very different from those here. And I was really struck by those parallels and contrasts. In just over 100 years, the demographic and cultural shift in terms of sports or leisure rather than industry was fascinating.

The reason I wanted to use a newspaper like the *Metro* to display the photograph was because you see it everywhere. I didn't want to make a work that sat in a prestigious environment like a gallery where only a select audience sees it. It needed to be seen in a highly public environment. Then it was a matter of finding the people for whom this particular space was significant. So we have Steve the security guard with his dog, the engineer who designed the bridge in the background, the landscape architect who was responsible for all the landscaping, the people who planted the riverbanks, the chap in the boat who was an athlete hoping to get into one of the rowing teams. So everyone had a kind of very specific relationship to it. And then there was the onerous task of trying to get all the different companies to release their staff for the shoot.

Then there was the day itself. I'm trying to photograph, I've got hard hat, goggles, boots, gloves, high-vis jacket. I was photographing next to the riverbank, so one of the boats had to have a lifeguard in case I fell in. I had to wear a lifejacket and, because I was near the bank, they insisted I was harnessed, so there was an anchor into the bank with a cable attaching me to it. If I fell in, it was only knee deep. So it was bizarre. But on the plus side, this was the first Olympic Park ever to be constructed where there were no fatalities, which is pretty amazing.

In essence, I wanted to give visibility to some of the people who'd worked and been responsible for making that site. On the Great Lengths website, each of the characters has a film telling you their story and their relationship to the place. At the point at which the Games happen, it's all about the superstars – so much so that the history of the people who enable all that is gone. So I wanted to make sure their work wasn't forgotten.

FREEZE FRAME

(Photographie, journal *Metro*, 26 janvier 2012)

Quand j'ai pu consulter les images du projet de construction du parc, j'ai été vraiment frappé par les fortes similitudes avec le tableau de Seurat *La baignade à Asnières*. Je me suis tout de suite rendu à la *National Gallery* pour le voir. Seurat a peint ce tableau dans les années 1880; l'œuvre était très radicale pour l'époque, car elle était la première à représenter la classe ouvrière urbanisée dans un centre-ville, avec les instruments mêmes de cette urbanisation – les usines – en arrière-plan.

Je me suis dit qu'il s'agissait du premier quartier vraiment industrialisé de Londres, mais aujourd'hui qu'il est désindustrialisé, nous utilisons le sport et les loisirs pour le réhabiliter. Et les personnages du tableau de Seurat, issus de la classe ouvrière blanche, étaient très

différents des personnes qui évoluent ici. J'ai été vraiment frappé par ces parallèles et ces contrastes. Cette évolution démographique et culturelle était fascinante : en à peine un siècle, le sport et les loisirs avaient supplanté l'industrie.

J'ai choisi de publier la photo dans le journal *Metro* pour qu'elle soit vue de tous. Je ne souhaitais pas créer une œuvre pour un environnement prestigieux comme une galerie d'art, où elle ne serait vue que par un public restreint. Elle devait être présentée dans un environnement largement accessible au public. J'ai ensuite dû trouver les personnes pour qui ce lieu comptait le plus. Il y a donc Steve, l'agent de sécurité et son chien, l'ingénieur qui a conçu le pont en arrière-plan, le paysagiste responsable de tout l'aménagement paysager, les personnes chargées des plantations sur les berges; l'homme dans l'embarcation est un athlète qui espérait intégrer l'une des équipes d'aviron. Chacun avait donc un lien très particulier avec le lieu. Il a ensuite fallu demander à toutes les sociétés de libérer leur personnel pour la séance photo, ce qui

n'était pas une mince affaire.

Puis vient le jour de la prise de vue. J'essaie de prendre des photos; je porte un casque, des lunettes de sécurité, des bottes, des gants, un gilet de signalisation. Je m'étais placé sur la rive; un sauveteur se trouvait donc sur un bateau au cas où je tomberais à l'eau. Je devais porter un gilet de sauvetage et, comme j'étais proche de l'eau, j'étais attaché à la berge par un câble fixé dans le sol. Si j'étais tombé, je n'aurais eu de l'eau que jusqu'aux genoux. C'était donc vraiment particulier. D'un autre côté, c'est la première fois qu'aucun accident mortel n'a été déploré lors de la construction d'un parc olympique, ce qui est vraiment un exploit.

L'objectif du projet était d'attirer l'attention sur certaines des personnes ayant participé à la création du site. Sur le site Web *Great Lengths*, une vidéo présente l'histoire de chacune d'entre elles et leur relation avec le lieu. Dès l'ouverture des Jeux, tous les regards se tournent vers les célébrités, au point d'oublier ces hommes de l'ombre sans qui la fête n'aurait pas eu lieu. C'est pourquoi je tenais tant à immortaliser leur travail.

The final photograph, which was displayed on posters and in the *Metro* newspaper
—
La photographie finale, qui a été exposée sur des affiches et dans le journal *Metro*

Sketching out the planned photograph based on Seurat's *Bathers at Asnières*
—
Esquisse de la photographie prévue sur la base du tableau de Seurat *La baignade à Asnières*

Inspired: Neville Gabie used Seurat's painting to create *Freeze Frame*
—
Neville Gabie était inspiré par l'œuvre de Seurat à créer *Freeze Frame*
Bathers at Asnières/La baignade à Asnières, Georges Seurat, 1883-1884. Dim. 201 x 301 cm. London, National Gallery ©Luisa Ricciarini/Leemage

Semra Yusuf swims in the
Olympic pool
—
Semra Yusuf nage dans la
piscine olympique

Semra Yusuf before her
1,270m swim
—
Semra Yusuf avant de
parcourir ses 1 270 m à la nage

TWELVE SEVENTY

(Video, 12 August 2011)

If I'm being brutally honest, that was the most compromised bit of work I did from a personal point of view. Once I'd come up with the idea, there was a huge amount of pressure to complete the film, to deliver it and to show it before the Games happened. In the end, we filmed it in August 2011 and it was shown publicly in December. And because I was in the zone of producing lots of work, I don't feel I brought enough objectivity to it. Sometimes when there's so much material, you almost need to film it and step away from it for six months and then go back to it. And I think it tried to do too much as a piece of work and as a result it didn't hit the mark.

Part of the reason I wanted to do it was Semra. Hers is a really tough story. And you wouldn't know it from this piece of film. When she came to the UK, she had been badly abused, had attempted to commit suicide at 18, was in a forced marriage... but, through the Olympic Games, she got an apprenticeship as a bus driver, she divorced, she became an independent woman, and she now drives a red bus around London. The Games were hugely important in terms of her finding her own voice. And that, for me, was the real story. It was a story that I don't think she was ready to tell at the time and it was a story which I think the Games would have found a bit difficult to handle. Last year, I completely re-edited the film with her. Now it's not about the Olympic Games; it's about her doing the swim and her personal story. I just felt it was too rushed and there was lots of material there that could have been better.

Semra was absolutely delighted with the film. She took her swimming very seriously and, in different circumstances, I think she'd have been quite capable of being a professional athlete herself. It was only because her parents banned her from doing that at school that she was never able to pursue it. So for her to swim in that context and in that pool was absolutely huge. And, from that point of view, I think the film was really successful. And the people who saw it really enjoyed it. But from a personal perspective, I think it could have been better.

TWELVE SEVENTY

(Vidéo, 12 août 2011)

Pour être tout à fait honnête, il s'agit de l'œuvre la moins aboutie de mon point de vue personnel. J'ai été soumis à une très forte pression pour tourner le film, le finaliser et le présenter avant le déroulement des Jeux. Au final, nous l'avons tourné en août 2011 et il a été présenté au public en décembre. C'était pour moi une période de travail intense et j'ai vraiment l'impression d'avoir manqué d'objectivité. Il y a parfois tellement de matière que vous devez presque filmer, prendre du recul et y revenir six mois plus tard. Je crois que l'œuvre était trop ambitieuse, ce qui ne lui a pas permis d'atteindre son but.

Si j'ai voulu faire cette œuvre, c'est en partie pour Semra. Elle a eu une vie très difficile, ce qui ne transparaît pas dans le film. Avant d'arriver au Royaume-Uni, elle avait subi des maltraitances, avait tenté de se suicider à l'âge de 18 ans, avait été mariée de force… et grâce aux Jeux Olympiques, elle a suivi une formation pour devenir chauffeur de bus, a divorcé, est devenue une femme indépendante, qui conduit aujourd'hui un bus rouge dans les rues de Londres. Les Jeux lui ont vraiment permis de suivre sa propre voie. C'est cette histoire qui m'intéressait. Je ne crois pas qu'elle était alors prête à la raconter et cela aurait peut-être été inapproprié dans le cadre des Jeux. L'an dernier, nous avons complètement retravaillé le film ensemble. Il n'est désormais plus centré sur les Jeux Olympiques, mais sur Semra qui nage et sur son histoire personnelle. J'avais vraiment l'impression que l'œuvre avait été bâclée et que de nombreux aspects pouvaient être améliorés.

Semra était enchantée par le film. Elle prenait la natation très au sérieux et je suis persuadé que, dans un autre contexte, elle aurait pu devenir une athlète professionnelle. C'est parce que ses parents lui interdisaient de nager à l'école qu'elle n'a jamais pu tenter sa chance. Nager dans ce contexte et dans cette piscine était donc extraordinaire pour elle. De ce point de vue, le film était selon moi une vraie réussite. Les personnes qui l'ont vu l'ont vraiment apprécié. Pourtant, d'un point de vue personnel, je reste convaincu qu'il aurait pu être meilleur.

UNEARTHED – THE CREATIVE REMAINS OF A BROWNFIELD SITE

(Exhibition, Carpenters Road artists' studios, Warton House, Stratford, 3–11 September 2011)

When I was at the Royal College of Art, one of the sites I did a huge amount of work in was a derelict paint factory, which is exactly where the Aquatics Centre is now built. So it was a curious journey of coming back to the same place after all these years and seeing it transformed. There was also a huge studio complex, which had been a Yardley's perfume factory and was the biggest artists' studio complex in the whole of Europe. It was massive. I think more than 1,000 artists were there in around 700 studios in that one building. My wife had a studio there; she shared it with Rachel Whiteread.

When I was commissioned, everyone referred to it as a brownfield or derelict site. Those were the terms people used. And both those terms seemed to suggest there was nothing there before the Games. But if you look back, this bit of Stratford was really the birthplace of the Industrial Revolution. I think the first discovery of petroleum or gasoline was made on the site where the Olympic Park is now. The first manufacturing of plastic was in Stratford, originally made with milk. So, historically, it's really significant. But as an artist, I knew what fertile ground it had been for so many artists, too. Grayson Perry had a studio there, Rachel Whiteread had a studio there, so too did Fiona Rae. I mean, the list of highly established artists who started their careers in this building is a long one.

I wanted to say that, before the Olympic Games, this place had a history. So the idea was to invite artists who'd made work that was about that place or had some connection to it to exhibit work. It was a completely eclectic, weird exhibition because it was all very different work. But in a sense, it was more about the place.

UNEARTHED – THE CREATIVE REMAINS OF A BROWNFIELD SITE

(Exposition, studios de Carpenters Road, Warton House, Stratford, 3–11 septembre 2011)

Lorsque j'étais étudiant au *Royal College of Art*, j'ai créé de nombreuses œuvres dans une usine de peinture désaffectée, à l'emplacement même du centre aquatique actuel. Cela m'a donc fait tout drôle de revenir sur les lieux après tant d'années et de voir que le site avait changé. Un énorme complexe regroupant des studios d'artistes – le plus grand d'Europe – avait également été créé dans une ancienne usine de parfums Yardley. Il était gigantesque. Je me souviens que ce seul bâtiment abritait plus de mille artistes répartis dans près de 700 studios. Ma femme y avait un studio, qu'elle partageait avec Rachel Whiteread.

Lorsque j'ai remporté le projet, tout le monde parlait de ce site comme d'une friche industrielle ou d'un site à l'abandon. C'étaient les termes employés, qui suggéraient qu'il n'y avait rien à cet endroit avant les Jeux. Pourtant, cette partie de Stratford était autrefois le vrai berceau de la révolution industrielle. Je crois que c'est sur le site actuel du parc olympique que

l'essence a été inventée pour la première fois. La première usine de fabrication de plastique, initialement à base de lait, se trouvait également à Stratford. Cette zone est donc très importante sur le plan historique. Cependant, en tant qu'artiste, je savais également qu'elle avait été un haut lieu de créativité pour de nombreux artistes. Grayson Perry, Rachel Whiteread, Fiona Rae... Tous y avaient un studio. Une foule d'artistes très connus ont débuté leur carrière dans ce bâtiment.

Je tenais à expliquer que ce lieu avait eu une histoire avant les Jeux Olympiques.

J'ai donc eu l'idée d'inviter des artistes qui avaient créé des œuvres sur ce site ou qui y étaient liés à exposer leur travail. L'exposition, qui présentait des œuvres d'artistes tous très différents, était assez étonnante et totalement éclectique. Mais, au final, le but était plutôt d'attirer l'attention sur le lieu.

(opposite)
A view of the exhibition with the Olympic Stadium in the background
—
(à gauche)
Une vue de l'exposition avec le stade olympique en arrière-plan

The eclectic exhibition at Acme Studios, London
—
L'exposition éclectique à Acme Studios, Londres

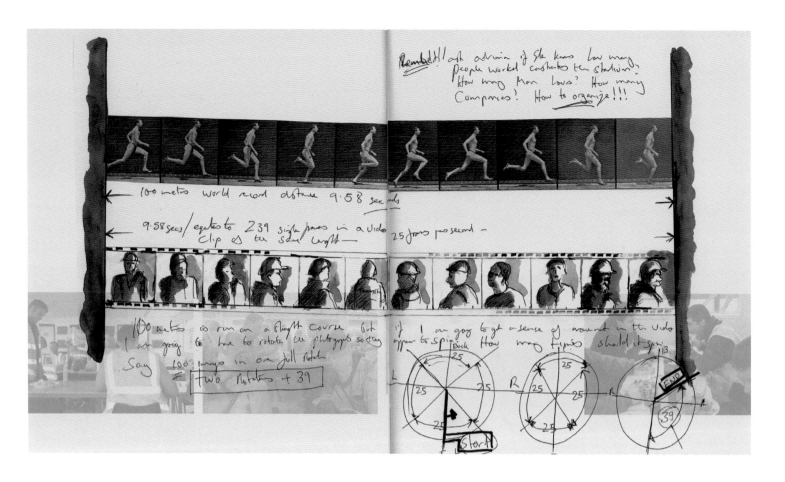

The plans for *9.58* take shape
—
Les plans de la séquence *9.58* prennent forme

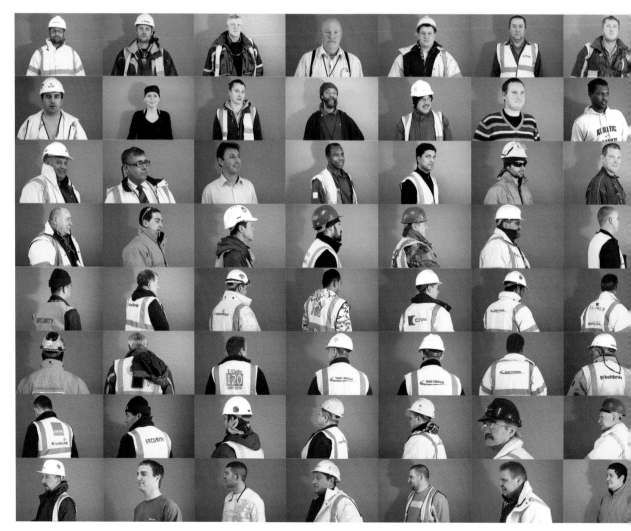

9.58

(Video, 11 January 2011)

If you're thinking about sports, it's all about notions of measuring time and what you can do with your body. So I like the idea of making work about time. And with athletics, it's the 100m final; it's what everyone gets excited about. It's the event everyone wants to see. And I thought it's amazing so much of the whole Olympic project is about that tiny moment; less than 10 seconds.

If you break up a piece of video footage that's 9.58 seconds long – equivalent to Usain Bolt's world 100m record – there are 25 frames a second, which makes 239. So I photographed 239 of the people who helped build this place and each occupies one frame of the film.

For me, the biggest missed opportunity was the lack of an interface with LOCOG, because it just meant there was all this work that could potentially have been seen but wasn't. It would have been really nice to show this film to people queuing up to get into the stadium. It would have been really easy to do, but there was no interface so it never had that visibility during the Games.

9.58

(Vidéo, 11 janvier 2011)

La notion de sport est étroitement liée à la mesure du temps et aux capacités du corps humain. J'ai donc tenu à créer une œuvre sur le temps. La finale du 100 m est le point d'orgue des épreuves d'athlétisme, la discipline maîtresse que personne ne veut manquer. J'ai été frappé qu'un si court moment – moins de 10 secondes – compte autant pour l'ensemble du projet olympique.

Une séquence vidéo d'une durée de 9,58 secondes – soit l'équivalent du record du monde d'Usain Bolt à l'épreuve du 100 m – représente 25 images par seconde, soit 239 au total. J'ai donc photographié 239 personnes ayant participé à la construction du site, chacune occupant une image du film.

Je regrette profondément l'absence d'interface avec le LOCOG : tout ce travail aurait pu être présenté, mais ça n'a pas été le cas. Pourquoi ne pas avoir diffusé ce film dans les files d'attente à l'entrée du stade ? Cela aurait été très simple, mais cette absence d'interface n'a pas permis au public de visionner l'œuvre pendant les Jeux.

A selection of people who took part in the video
—
Quelques-unes des personnes ayant participé à la vidéo

Neville Gabie drinking
water in the Olympic pool
—
Neville Gabie buvant
de l'eau dans la piscine
olympique

A VOLUME OF WATER DRUNK IN THE OLYMPIC POOL FOR YOU

(Performance, 22–24 February 2011, Aquatics Centre, Stratford. Photography)

Standing in the empty Olympic swimming pool and thinking about the huge volume of water that fills it and how that relates to the size of one human being. So it's really about measuring the volume of what I'm capable of drinking in relation to what would fit in the pool.

I spent three days standing in a pool surrounded by people building and tiling while I was drinking what ended up being 18.5 litres of water. I spent a lot of time with them, filmed a lot of people in the pool and got to know them well. They joked around and laughed at me a bit, but you build up a relationship with people if you're with them for a period of time. It became really important that I arrived on site at the same time of the morning as they did. And I left when everyone else did.

On a very basic level, if people see you clocking in and out with them, they respect that more than if you were to come swanning in at 11am. It takes time, but you can build up relationships with people so they'll hopefully reveal more. People might have a laugh and a joke at your expense, but it's not a huge issue. And I think they felt I was highlighting the work they were doing in my own bizarre fashion.

A VOLUME OF WATER DRUNK IN THE OLYMPIC POOL FOR YOU

(Performance, 22-24 février 2011, centre aquatique, Stratford. Photographie)

Alors que je me tenais au beau milieu de la piscine olympique encore vide et que je pensais à l'énorme quantité d'eau qu'elle pouvait contenir, je me suis demandé ce que cela pouvait représenter à l'échelle d'un être humain. J'ai donc cherché à mesurer le volume que j'étais capable de boire par rapport au volume du bassin.

J'ai passé trois jours à boire de l'eau dans une piscine, entouré des ouvriers chargés de la construire et de la carreler. Au final, j'ai absorbé 18,5 litres d'eau. J'ai passé beaucoup de temps aux côtés de ces personnes, j'ai filmé nombre d'entre elles dans la piscine et j'ai fini par bien les connaître. Les ouvriers plaisantaient et se moquaient un peu de moi, mais le fait de passer du temps avec eux m'a permis de tisser des liens. Il est devenu indispensable que j'arrive sur le site à la même heure qu'eux le matin. Le soir, je partais aussi en même temps que tout le monde.

Très simplement, le fait de pointer en même temps que les ouvriers matin et soir inspire davantage le respect que d'arriver à 11 heures. Au fil du temps, des liens se créent et les gens finissent par s'ouvrir à vous. Certains se moquent parfois, mais ce n'est pas très grave. Je suis sûr qu'ils ont compris que je valorisais leur travail à ma façon, aussi étrange soit-elle.

Some of the water the artist drank for the piece
—
Une partie de l'eau que l'artiste a bue pour son œuvre

THE 43.6 MINUTE MILE

(Performance, 14 December 2011)

Measuring things and distance was a regular theme throughout the residency. I wanted to see how long it would take to walk a mile in a straight line across the Olympic Park. Again, it was so difficult to organise and carry out. But I wanted to show how complicated this area was by doing something ostensibly really simple – walking.

Each little area was looked after by a different construction company, so every time you wanted to go from one zone to the next, you had to do a different health and safety induction. Sometimes lasting a whole day. I wondered whether just walking from one side to the other in a straight line was even possible.

It turned out it wasn't. I sent hundreds of emails trying to get permission and tracked my progress with a GPS so I could show the route I had to take. It really shouldn't take that long to walk from one side of the park to the other – say, 20 minutes? In the event, it took much longer than that. I think it took closer to three-and-a-half hours. But it was a great way of highlighting the complexity of the site.

THE 43.6 MINUTE MILE

(Performance, 14 décembre 2011)

La mesure des objets et des distances a été un thème récurrent tout au long de ma résidence. J'ai voulu mesurer le temps qu'il fallait pour marcher en ligne droite sur environ 1 500 m dans le parc olympique. Une fois de plus, l'expérience a été très difficile à organiser et à réaliser. Mon but était de souligner la complexité du site à travers une action à première vue toute simple : marcher.

La moindre zone était sous la responsabilité d'une société de construction différente; ainsi, chaque passage d'une zone à l'autre était soumis à un contrôle de santé et de sécurité spécifique, qui durait parfois toute une journée. Je me suis demandé s'il était simplement possible de marcher d'un bout à l'autre du parc en ligne droite.

Il s'est avéré que c'était impossible. J'ai envoyé des centaines d'e-mails afin d'obtenir l'autorisation et j'ai suivi ma progression à l'aide d'un GPS pour pouvoir présenter l'itinéraire emprunté. La traversée du parc à la marche ne devait pas être si longue — disons 20 minutes ? Je crois que j'ai plutôt mis 3 heures 30. Mais c'était un excellent moyen de mettre en évidence la complexité du site.

The idea to walk a line across the park takes shape
—
L'idée de marcher en ligne droite pour traverser le parc prend forme

The route taken in comparison with the straight line, as tracked by GPS
—
L'itinéraire emprunté indiqué par le GPS par rapport à la ligne droite

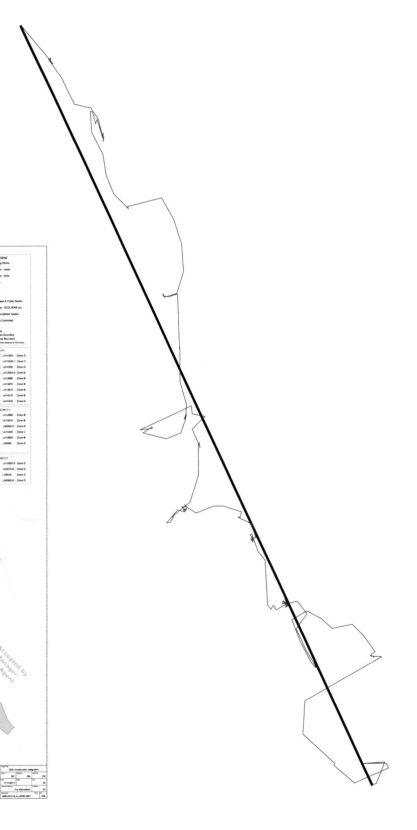

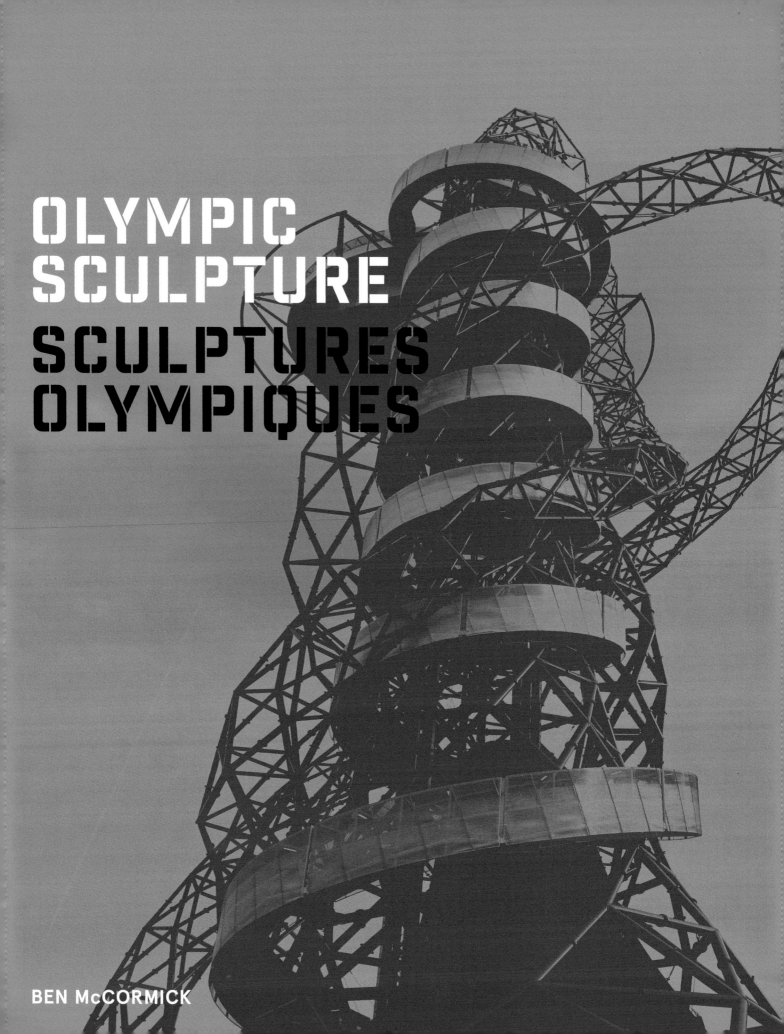

OLYMPIC
SCULPTURE
SCULPTURES
OLYMPIQUES

BEN McCORMICK

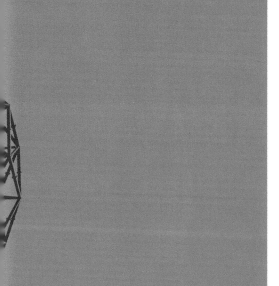

The commissioning of monumental sculptures at the Olympic Games is a long-standing tradition dating back to the ancient Olympic Games that juxtaposes cultural iconography with sporting prowess and architectural achievement. The most striking examples – usually placed outside stadiums but sometimes near other Olympic facilities – provide host cities with legacies long after the Games have ended, as the following four examples show.

La réalisation de sculptures monumentales à l'occasion des Jeux Olympiques est une tradition ancestrale remontant aux Jeux de l'Antiquité qui associe l'iconographie culturelle aux prouesses sportives et architecturales. Les exemples les plus emblématiques – généralement placés à l'extérieur des stades, mais parfois à proximité d'autres installations olympiques – laissent aux villes hôtes un héritage durable, comme dans les quatre exemples suivants.

EL SOL ROJO

Alexander Calder, Mexico 1968

Alexander Calder, who gained worldwide fame with his huge 'mobile' sculptures, was one of the leading innovators of 20th-century sculpture.

Renowned the world over for his ability to give expression to the spirit of his time and imbue his works with movement and colour, he was commissioned along with around 20 other sculptors to produce a piece for the Cultural Olympiad at the 1968 Olympic Games in Mexico City.

There, he produced his largest ever work, *El Sol Rojo* (The Red Sun), which stands outside the city's Azteca Stadium, the main arena for what was the XIX Olympiad. It is still an iconic structure in Mexico City and is an outstanding example of 'Stabile', a term first coined to describe Calder's static sculptures characterised by simple, sheet-metal forms.

In the lead-up to the Games, Calder lived and worked in Mexico and quickly became popular among students, the public, artists and members of the committee who had commissioned the spectacular work. *El Sol Rojo*, which alludes to the country's brilliant sun and ancient pyramids, was one of three sculptures by 'Guests of Honour' at the Cultural Olympiad that were associated, but not part of, *La Ruta de la Amistad* (Route of Friendship), a collective work of 19 monumental concrete sculptures envisioned by Mexican artist Mathias Goeritz and built by international sculptors to celebrate the Games.

The sculpture itself is composed of three huge black metal legs that house a spectacular red metal circle, which provides a rich, glowing tone during the day and a calmer, paler, more opaque tone at dawn and dusk. In the work, Calder explored ideas of open space, transparency, light and movement. Along with other giant sculptures he created later in his career, *El Sol Rojo* represented a new direction for

El Sol Rojo outside the Azteca Stadium, Mexico City
—
El Sol Rojo à l'extérieur du stade Azteca, Mexico

the artist: one that was so successful that many of his works became landmarks in numerous cities around the globe.

The structure was complemented by a series of concentric blue and white painted circles on the esplanade by Eduardo Terrazas that paid homage to Lance Wyman's 1968 Olympic Games corporate graphic design.

Unfortunately, due to civil unrest in the run-up to the Games, the work didn't receive the unveiling it warranted. On the opening day, the *New York Times* ran a large, front-page photograph showing the Azteca Stadium surrounded by soldiers, with neither the giant sculpture nor the painted swirls around it visible.

But in the immediate aftermath of the Games, the sculpture's significance was heralded in the IOC *Olympic Review*, which stated: 'Mexico has a permanent reminder of Calder's visit in his Red Sun, a sculpture which reflects his artistic personality. It is proof of Calder's ability to evaluate the nature and validity of the materials used, of permitting an interplay between them and the space in which they are located and of positing questions and answers in complete harmony with the surrounding forms. This masterpiece will remain in Mexico as a living symbol.'

Today, despite *El Sol Rojo* being seemingly neglected and covered with graffiti, Calder the sculptor remains a celebrated figure in Mexican cultural circles, and a retrospective of his work, curated by his grandson Alexander S.C. Rowe, was exhibited at the Jumex Museum, Mexico City, as recently as 2015.

El Sol Rojo in 1968, showing concentric blue and white painted circles on the concourse
—
El Sol Rojo en 1968, avec des cercles concentriques peints en bleu et blanc sur le parvis

EL SOL ROJO

Alexander Calder, Mexico 1968

Alexander Calder, qui s'est forgé une réputation internationale avec ses immenses sculptures « mobiles », est l'un des sculpteurs les plus avant-gardistes du XXᵉ siècle.

Connu dans le monde entier pour ses œuvres vivantes et colorées, totalement imprégnées de l'air du temps, Calder est chargé avec 20 autres sculpteurs de créer une œuvre dans le cadre de l'Olympiade culturelle des Jeux de Mexico 1968. Ce sera *La Ruta de la Amistad* (la route de l'amitié), œuvre collective de 19 sculptures monumentales en béton imaginée par l'artiste mexicain Mathias Goeritz.

C'est à cette occasion qu'il produit son œuvre la plus monumentale, *El Sol Rojo* (Le soleil rouge), qui symbolise le soleil éclatant et les pyramides du Mexique. Elle est exposée non pas le long de la *Ruta de la Amistad* mais à l'extérieur du stade Azteca de la capitale mexicaine, cadre principal des Jeux de la XIXᵉ Olympiade. Cette structure, qui reste étroitement associée à la ville de Mexico, est un exemple typique de « stabile » : ce terme inventé pour décrire les sculptures statiques d'Alexander Calder, des œuvres métalliques aux formes simples.

Pendant la préparation des Jeux, Alexander Calder vit et travaille au Mexique, où il remporte rapidement un vif succès auprès des étudiants, du public, des artistes et des membres du comité qui lui ont confié la réalisation de cette œuvre grandiose.

La sculpture se compose de trois immenses pieds en métal noir reliés par un gigantesque cercle en métal rouge, dont la couleur flamboyante et lumineuse le jour devient plus apaisante, plus pâle et plus opaque à l'aube et au crépuscule. À travers cette œuvre, Calder explore les notions d'infini, de transparence, de lu-mière et de mouvement. *El Sol Rojo*, ainsi que d'autres sculptures géantes créées par la suite, donnent une nouvelle orientation à la carrière de l'artiste; le succès a été tel que beaucoup de ses œuvres sont devenues incontournables dans de nombreuses villes à travers le monde.

La structure est complétée par une série de cercles concentriques bleus et blancs peints sur l'esplanade par Eduardo Terrazas, en hommage au logo créé par Lance Wyman pour les Jeux Olympiques de 1968.

Malheureusement, l'œuvre ne sera pas inaugurée comme il se doit en raison des troubles civils qu'a connus le pays pendant la préparation des Jeux. Le jour de l'ouverture, une photo du stade Azteca entouré de soldats est publiée en une du *New York Times* et ne laisse apparaître ni la sculpture géante, ni les spirales peintes autour.

Cependant, la *Revue Olympique* du Comité International Olympique (CIO) célèbre la magnificence de cette sculpture juste après les Jeux : « Calder restera à jamais présent au Mexique grâce à sa sculpture "Soleil rouge", reflet de sa personnalité artistique, dans laquelle on retrouve sa remarquable habileté à transformer la valeur et le poids des matériaux employés, sa parfaite maîtrise des volumes et des espaces et le subtil dialogue qu'il sait établir entre ses œuvres et les formes environnantes. Chef-d'œuvre et témoignage, "Soleil Rouge" demeure donc aussi au Mexique comme un symbole. »

Aujourd'hui, bien que la sculpture *El Sol Rojo* semble laissée à l'abandon et couverte de graffitis, la renommée du sculpteur Alexander Calder ne faiblit pas dans les milieux culturels mexicains; une rétrospective de son œuvre a d'ailleurs été présentée au musée Jumex de Mexico en 2015, sous la direction de son petit-fils Alexander S.C. Rowe.

OLYMPIC GATEWAY

Robert Graham, Los Angeles 1984

Inaugurated on 1 June 1984, Robert Graham's *Olympic Gateway* was commissioned by the Los Angeles organising committee for the Olympic Games to commemorate the Games of the XXIII Olympiad.

Olympic Gateway was Graham's first major monumental commission. Rising 7.6m above the ground, the 9,072kg post-and-lintel structure is topped by two bronze torsos of a male and female athlete.

The statues were initially modelled in clay and scaled up using a three-dimensional pantograph. Studies of both athletes in motion are inlaid in zinc on each column, while the square bases have sculptural reliefs and the base of each statue-supporting cone is covered in gold leaf. All work was carried out at the Robert Graham Studio in Venice, California, before being installed in front of the Los Angeles Memorial Coliseum, the main arena for the 1984 Games.

Though a secret at the unveiling, the torsos were modelled on American water polo player Terry Schroeder and Guyanese long jumper Jennifer Inniss, both of whom took part in the Games. The statues were noticeable for their anatomical accuracy, something that became a source of controversy during the Games and afterwards.

This notoriety was caused in part by a sense that the nudity was explicit, and in part by the fact that the figures are headless. Some felt that, without heads, there was a suggestion of violence in the sculpture and perhaps an insinuation that athletes are all brawn and no brain. Others criticised the detail as 'too clinical'. Some even thought the works would be vandalised by crowds coming to the venue to watch American football after the Games.

OLYMPIC GATEWAY

Robert Graham, Los Angeles 1984

Inaugurée le 1er juin 1984, cette porte monumentale de Robert Graham a été commandée par le comité d'organisation des Jeux Olympiques de Los Angeles pour commémorer les Jeux de la XXIIIe Olympiade.

Il s'agit de la première grande œuvre monumentale commandée à l'artiste. Cette voûte d'entrée, mesurant 7,6 m de haut et pesant neuf tonnes, est composée de deux colonnes et d'un linteau supportant les torses de deux athlètes, un homme et une femme.

Les statues sont d'abord sculptées dans de l'argile, puis agrandies à l'aide d'un pantographe tridimensionnel. Sur chaque colonne, des études représentant les deux athlètes en mouvement sont incrustées dans du zinc; les socles carrés sont ornés de bas-reliefs et une feuille d'or recouvre la base des deux cônes sur lesquels reposent les statues. Le travail est entièrement réalisé dans le studio de Robert Graham à Venice, en Californie, avant d'être installé devant le *Memorial Coliseum* de Los Angeles, le stade emblématique des Jeux de 1984.

Le joueur de water-polo américain Terry Schroeder et l'athlète guyanaise de saut en longueur Jennifer Inniss, qui ont tous les deux participé aux Jeux, servent de modèles à la sculpture des corps; leurs noms sont cependant tenus secrets lors de l'inauguration car l'extrême précision anatomique des statues créée la polémique pendant et après les Jeux.

La controverse repose non seulement sur leur nudité jugée trop explicite, mais également sur l'absence de têtes. Pour certains, ce choix confère une dimension violente à l'œuvre et peut véhiculer l'image d'athlètes tout en muscles et dépour-

Olympic Gateway outside the Los Angeles Memorial Coliseum
—
Porte olympique à l'extérieur du *Memorial Coliseum* de Los Angeles

vus d'intelligence. D'autres critiquent les détails « trop cliniques » des statues. Des actes de vandalisme sont même redoutés après les Jeux, lors des matchs de football américain.

Malgré ce scepticisme, le monument est encensé par de nombreux contemporains. Tim Vreeland, architecte à Los Angeles, affirme alors : « Les romans sont aujourd'hui plus explicites qu'auparavant; cette tendance reflète simplement l'évolution des conventions artistiques. Ce qui compte, c'est que la sculpture figurative réinvestisse les lieux publics après 50 ans d'art abstrait. »

Selon Robert J. Fitzpatrick, directeur du Festival olympique des arts, qui a fait appel à Robert Graham pour

But as much as it raised eyebrows, the piece was lauded by contemporaries. Los Angeles architect Tim Vreeland said at the time: 'Novels today are more explicit than they used to be; it's just a change in artistic convention. What is important is that it is the return of figurative sculpture to public art after 50 years of abstract art.'

Meanwhile, Robert J. Fitzpatrick, Director of the Olympic Arts Festival, who asked Graham to produce the work, said: 'Commissioning Robert Graham to create the Olympic Gateway was probably the easiest decision we had to make. I know of no other artist working today whose work is at once so contemporary yet so evocative of the classical sculpture of ancient Greece.'

Speaking at the time, sculptor Graham said: 'I happened to tie into something very powerful doing the gateway – I tied into the spirit and tradition of the Olympic Games. People are now taking pictures of themselves in the gateway – and not because they think of it as art, but because it has many meanings for the public. Whether it will eventually be looked on as a work of art, only the distance of time will tell.'

As the IOC *Olympic Review* put it: 'It was important the Festival leave a visible legacy to the people of Los Angeles, much as the bronze and marble statues of athletic heroes are

la création du monument : « Le choix de Robert Graham pour cette porte monumentale s'est imposé comme une évidence. Je ne connais pas d'autres artistes contemporains dont le travail est à la fois si moderne et si évocateur de la sculpture classique de la Grèce antique. »

À l'époque, le sculpteur Robert Graham dit de son travail : « En réalisant cette œuvre, je me suis attaqué à des valeurs très fortes : l'esprit et la tradition mêmes des Jeux Olympiques. Les gens se prennent en photo devant le monument – pas pour sa dimension artistique, mais parce qu'il a des significations très diverses pour le public. Est-ce qu'il finira par être perçu comme une œuvre d'art ? Seul le temps nous le dira. »

Comme expliqué dans la *Revue Olympique* du CIO : « Il importe enfin que le festival laisse à la population de Los Angeles un héritage concret, de la même façon que les statues de bronze et de marbre des héros athlétiques font partie de l'héritage légué par les Jeux Olympiques de l'antiquité. [...] La porte monumentale de bronze du sculpteur Robert Graham, faisant face à l'extrémité du péristyle du "Memorial Coliseum" de Los Angeles dans le parc d'exposition, sera un présent du LAOOC [comité d'organisation des Jeux de LA] à la population de Los Angeles. »

À peine dix ans après les Jeux Olympiques, la sculpture est tombée dans un état de délabrement avancé à la suite d'actes de vandalisme ainsi que de coupes dans le budget d'entretien. Heureusement, pendant deux ans, le *Getty Conservation Institute* a mis en place des moyens pour repousser les oiseaux, nettoyé les graffitis et remplacé le placage en granit au pied de la sculpture afin de redonner à la porte sa splendeur d'origine.

part of the legacy left by the ancient Games. Sculptor Robert Graham's monumental bronze Gateway, facing the peristyle end of the Los Angeles Memorial Coliseum in Exposition Park, will be a gift to the people of Los Angeles from the LAOOC.'

Just over ten years after the Olympic Games, the sculpture had fallen into disrepair, suffering vandalism and cuts in the maintenance budget. But after a two-year project by the Getty Conservation Institute that involved bird deterrence, graffiti removal and replacement of the granite veneer on the sculpture's base, it has been restored to its original condition.

EL PEIX DAURAT

Frank Gehry, Barcelona 1992

An iconic image of Barcelona's marina was sought for the city's hosting of the XXV Olympiad in 1992. Frank Gehry's *El Peix Daurat* (Catalan for Golden Fish), commissioned by Spain's National Olympic Committee, was to become one of the best known and most striking monuments on the city's seafront.

The huge fish sculpture, which changes colour according to light conditions, functions as a landmark in what used to be the Olympic Village, anchoring a retail complex designed by Gehry Partners within a larger hotel development.

Constructed out of stone, glass and steel, the sculpture, measuring 35m high and 54m long, references Gehry's fascination with fish, a theme he has included in many buildings since the Olympic commission. It is reported this comes from Gehry's childhood memories of the carp his Polish-born grandmother kept in the bath in preparation for the family's Sabbath dinner.

Born in Toronto in 1932 and currently living in Los Angeles, Gehry is considered one of the most creative contemporary architects, contrasting space, materials and form to create unusual, lively artwork of which *El Peix* is a shining example. His best known buildings include the Guggenheim Museum in Bilbao (Spain), the Walt Disney Concert Hall in Seattle (USA) and the Louis Vuitton Foundation in Paris. His work is often labelled postmodernist or deconstructivist, and the sweeping lines of this abstract fish sculpture sit well with that description.

Now one of Barcelona's most iconic monuments and a noted tourist attraction, this fish sculpture also saw the architect's company – Frank O. Gehry & Associates – adopt a novel procedure for building design that would revolutionise the industry. Financial and time pressures meant the company had to find a more high-tech design and construction process, so *El Peix* became the first project on which the firm used the computer-aided design and manufacturing system CATIA (computer-aided three-dimensional interactive application).

Gehry experimented with the technology, originally developed by Dassault for the aerospace industry, and subsequently recommended the process to architectural colleagues, including Zaha Hadid (who designed the Aquatics Centre for London 2012). On the back of this revolutionary new approach, he co-founded Gehry Technologies, which has since become one of the world-leading specialists in Building Information Management (BIM).

As for the sculpture, its legacy has been far-reaching. Many consider it a fitting centrepiece for the Olympic Port, which was developed considerably just before the Games began. Pre-Games, the area was mostly industrial and closed to the public. Now it boasts millions of visitors every year, having become one of the city's main tourist attractions with its myriad retail outlets and restaurants.

For some, the fish signifies the

change the city underwent before, during and after the Games, from one that had its back to the sea to one that embraces its coastline. Its shimmering golden hue in the Mediterranean sun is seen to represent the 'gold effect' of the economic upturn the city experienced in the aftermath of the Olympic Games.

El Peix Daurat glistens in the
Mediterranean sun
—
El Peix Daurat scintille sous le
soleil méditerranéen

EL PEIX DAURAT

Frank Gehry, Barcelone 1992

Barcelone, la ville hôte des Jeux de la XXVᵉ Olympiade en 1992, va se parer d'une image emblématique dans son quartier de la marina. El Peix d'or (*El Peix Daurat* en catalan), commandé à Frank Gehry par le comité d'organisation des Jeux Olympiques, est devenu l'un des monuments les plus célèbres et les plus admirables du front de mer de Barcelone.

Cette immense sculpture en forme de poisson, qui change de couleur selon la luminosité, se situe à proximité de l'ancien village olympique et marque l'emplacement d'un centre commercial imaginé par l'agence Gehry Partners au sein d'un complexe hôtelier plus vaste.

Cette œuvre de pierre, de verre et d'acier, de 35 m de haut et de 54 m de long, souligne la fascination de Frank Gehry pour les poissons, qui ont également inspiré de nombreux projets réalisés par l'architecte après les Jeux Olympiques. Enfant, Frank Gehry aurait été marqué par la carpe que sa grand-mère d'origine polonaise plaçait dans la baignoire avant le repas familial du shabbat.

Né à Toronto en 1932 et vivant actuellement à Los Angeles, Frank Gehry est considéré comme l'un des architectes contemporains les plus créatifs; il joue sur les contrastes, l'espace, les matériaux et les formes pour créer des œuvres aussi vivantes et originales qu'*El Peix*. Parmi ses constructions les plus connues, citons le musée Guggenheim à Bilbao (Espagne), le *Walt Disney Concert Hall* à Seattle (États-Unis) et la Fondation Louis Vuitton à Paris (France). Son travail est souvent assimilé aux courants postmoderne ou déconstructiviste, dans lesquels s'inscrivent parfaitement les courbes fluides de sa sculpture abstraite en forme de poisson.

Pour cette sculpture, aujourd'hui devenue une attraction touristique incontournable de Barcelone, la société de l'architecte – Frank O. Gehry & Associates – utilise une toute nouvelle technique de conception architecturale qui révolutionne totalement le secteur. La société doit se tourner vers la technologie afin de gérer les contraintes de coûts et de délais; c'est ainsi qu'elle teste le système de conception et de fabrication assistées par ordinateur CATIA (*computer-aided three-dimensional interactive application*) pour concevoir *El Peix*.

Frank Gehry utilise cette technologie initialement développée par Dassault pour le secteur aéronautique, puis la recommande à ses confrères architectes, telle Zaha Hadid (qui a dessiné le centre aquatique des Jeux de Londres 2012). S'appuyant sur cette approche révolutionnaire, il cofonde la société Gehry Technologies, qui figure aujourd'hui parmi les leaders mondiaux de la modélisation des données du bâtiment (BIM).

La sculpture est jugée par beaucoup comme indissociable du port olympique qui connaît un formidable essor juste avant le début des Jeux. Auparavant, ce quartier essentiellement industriel était fermé au public. Devenu l'une des principales zones touristiques de la ville, il attire aujourd'hui chaque année des millions de visiteurs venus profiter de ses nombreux commerces et restaurants.

Pour certains, ce poisson incarne la transformation de Barcelone avant, pendant et après les Jeux. La ville, qui tournait le dos à la mer, s'est entièrement ouverte sur sa façade maritime. Les couleurs dorées et chatoyantes de la sculpture dans le soleil de la Méditerranée sont perçues comme le symbole de la renaissance économique de la ville dans le sillage des Jeux Olympiques.

ARCELORMITTAL ORBIT

Anish Kapoor and Cecil Balmond, London 2012

Designed by Turner Prize-winning sculptor Sir Anish Kapoor and architect Cecil Balmond, the ArcelorMittal *Orbit* – constructed to mark the London 2012 Olympic Games – remains one of the most striking, if controversial, Olympic sculptures yet.

Standing 115m high and made up of 2,000 tonnes of steel, 35,000 bolts and 19,000 litres of paint and at a final cost of £22m, the *Orbit* is not only the UK's tallest sculpture, it is designed to be a habitable building as well.

Said to have been inspired by the Tower of Babel and Tatlin's Tower – the iron, glass and steel monument to the Third International designed by Russian architect Vladimir Tatlin, but never built – it was intended to provide a permanent, lasting legacy of the London 2012 Games and give the city a structure to rival the Eiffel Tower in Paris. Its name, *Orbit*, is intended to symbolise a continuous journey: a creative representation of the 'extraordinary physical and emotional effort' that Olympians undertake.

Work on the vast sculpture started in late 2010 and was finally completed in November 2011 before being revealed to the public in May 2012.

Speaking at its unveiling, Anish Kapoor said of the sculpture: 'I wanted the sensation of instability, something that was continually in movement. Traditionally, a tower is pyramidal in structure, but we have done quite the opposite, we have a flowing, coiling form that changes as you walk around it. It is an object that cannot be perceived as having a singular image from any one perspective. You need to journey round the object and through it. Like a Tower of Babel, it requires real participation from the public.'

ARCELORMITTAL ORBIT

Anish Kapoor et Cecil Balmond, Londres 2012

Conçue par le sculpteur Sir Anish Kapoor, lauréat du prix Turner, et par l'architecte Cecil Balmond à l'occasion des Jeux de Londres 2012, la tour *ArcelorMittal Orbit* reste l'une des sculptures olympiques les plus spectaculaires, voire les plus controversées.

115 m de haut, 2 000 tonnes d'acier, 35 000 boulons, 19 000 litres de peinture et un coût final de 22 millions de livres sterling : l'*ArcelorMittal Orbit* est non seulement la sculpture la plus haute du Royaume-Uni, mais elle est également habitable.

Cette tour, qui serait inspirée de la tour de Babel et de la tour Tatline – monument à la Troisième-Internationale de fer, de verre et d'acier imaginé par l'architecte russe Vladimir Tatline mais qui n'a jamais vu le jour – vise à laisser un héritage durable et permanent après les Jeux de Londres 2012 et à

Such an ambitious, unconventional, avant-garde structure was always likely to divide opinion in the UK, and the ArcelorMittal *Orbit* did not disappoint, being both feted and slated by critics, the media and the public alike. Nominated for *Building Design*'s Carbuncle Cup (an annual award for bad architecture) in 2012, commentators dubbed it the 'Eyefull Tower', 'a catastrophic collision between two cranes', a 'helter-skelter' and 'a contorted mass of entrails'. Conversely, others praised its innovative structural design and called it an artistic triumph and an iconic addition to the London skyline.

Criticism didn't just focus on the statue's appearance. It was widely viewed as a symbol of the billions of pounds of public money spent on the Games in a time of Government-imposed austerity, despite most of its funding having come from a private source – Britain's richest man, Lakshmi Mittal.

The cost of entry to the sculpture was also a source of public annoyance – admission was £15 on top of the £10 it cost to get into the Olympic Park itself.

The entry fee was dubbed excessive by the sculptor too, who said that was 'a lot of money for a lot of people', and called for a more realistic price after the Games that better fitted his vision of the tower being a 'democratic monument open to all'.

Some four years after the Olympic Games, Kapoor's wish has become a reality, with the opening in June 2016 of the world's largest slide, built around the tower at his invitation by German artist Carsten Höller. In a statement released after the approach, Höller said: 'I am thrilled that my tallest slide so far will cling onto Anish Kapoor's The Orbit, taking an existing artwork as its site. A slide is a sculptural work with a pragmatic aspect; a device for experiencing an emotional state that is a unique condition somewhere between delight and madness.'

It is perhaps ironic that the ArcelorMittal *Orbit* is to become one of the very things for which it was criticised at the outset in a move that will no doubt prove popular with the people for whom it was meant to be a legacy.

doter la ville d'une structure capable de rivaliser avec la tour Eiffel. L'*Orbit*, dont le nom évoque une trajectoire ininterrompue, est une représentation créative de l'« extraordinaire effort physique et émotionnel » accompli par les olympiens.

L'immense sculpture, construite entre fin 2010 et novembre 2011, est inaugurée en mai 2012.

Lors de l'inauguration, Anish Kapoor s'exprime sur son œuvre: « Je voulais créer une sensation d'instabilité, de mouvement perpétuel. La structure d'une tour est généralement pyramidale, mais nous avons fait tout le contraire ici; nous avons opté pour une forme de spirale fluide, qui change lorsqu'on en fait le tour. Cet objet n'est jamais perçu de la même façon, quel que soit le point de vue. Il faut en faire le tour et le traverser. Comme une tour de Babel, il exige une réelle participation de la part du public. »

Une structure si ambitieuse, originale et avant-gardiste a toutes les chances de diviser l'opinion britannique et la tour *ArcelorMittal Orbit*, à la fois louée et attaquée par les critiques, les médias et le public, a tenu ses promesses. Elle est nominée en 2012 pour la Carbuncle Cup du magazine *Building Design* (qui récompense chaque année les architectures les plus laides du Royaume-Uni) et taxée de « tour effroyable », de « collision catastrophique entre deux grues », de « toboggan de foire » et d'« enchevêtrement de viscères ». À l'inverse, d'autres saluent la structure innovante de cette réussite artistique, qui redessine le panorama urbain de Londres.

Les critiques ne se sont pas limitées à l'aspect de l'édifice. La tour, pourtant financée en grande partie par l'homme le plus riche de Grande-Bretagne, Lakshmi Mittal, cristallise la colère de la population face aux sommes d'argent public colossales dépensées pour les Jeux dans un contexte d'austérité forcée.

Le prix du billet d'entrée suscite également la colère du public : 15 livres sterling en plus des 10 livres pour accéder au parc olympique. Ce prix est

The *Orbit* pictured at twilight
—
L'*Orbit* au crépuscule

jugé excessif par le sculpteur lui-même, pour qui cela représente « beaucoup d'argent pour beaucoup de monde »; il plaide ainsi en faveur d'un tarif plus raisonnable après les Jeux, plus cohérent avec sa conception de la tour qu'il imagine comme un « monument démocratique ouvert à tous ».

Quatre ans après les Jeux Olympiques, le vœu d'Anish Kapoor s'est réalisé avec l'inauguration en juin 2016 du toboggan le plus long du monde, construit à sa demande autour de la tour par l'artiste allemand Carsten Höller. Dans une déclaration publiée après la proposition, Höller affirme : « Je suis ravi que le plus long de mes toboggans vienne sublimer une œuvre d'art en s'enroulant autour de l'*Orbit* d'Anish Kapoor. Un toboggan est une œuvre sculpturale, qui revêt une dimension pratique et qui permet de vivre une expérience émotionnelle unique, à mi-chemin entre plaisir et folie. »

Comble de l'ironie, la tour *ArcelorMittal Orbit* va devenir l'un des objets auxquels elle a été initialement comparée par les critiques, dans le cadre d'une initiative qui devrait sans nul doute remporter beaucoup de succès auprès des bénéficiaires de cet héritage olympique.

The *Orbit* with the Olympic Stadium as a backdrop
—
L'*Orbit* avec le stade olympique en arrière-plan

London 2012

ABOUT
THE AUTHORS
À PROPOS DES
AUTEURS

Geraint John, Dip. Arch. (UCL), RIBA, Companion CIMPSA, FRSA, has a deep involvement in buildings for sport and leisure. His previous experience as the Chief Architect and Head of the Technical Unit for Sport at the GB Sports Council has made him an expert in the particular field of sports facilities. Geraint is a Senior Advisor to Populous, architects and sport venue design experts, who were voted *The Architects' Journal* International Practice of the Year in 2014.

He has been recently awarded the Pierre de Coubertin Medal for outstanding services to the Olympic Movement, confirmed by Thomas Bach, President of the International Olympic Committee (IOC).

Geraint is a Visiting Professor at the University of Hertfordshire, at the Universidad Camilo José Cela in Madrid, and the University of Bedfordshire. He is a member of the British government's Global Sports Projects Sector Advisory Group, part of the DTI/UKTI. Geraint sat on the Environment Committee of the London bid for the 2012 Olympic Games.

Dave Parker, BSc., CEng., FICE, was technical editor of *New Civil Engineer* magazine for 12 years before leaving in May 2006 to become a freelance author and journalist. On behalf of *NCE*, Dave travelled across much of the world, reporting on everything from major earthquakes to the latest mega projects. His particular interests were construction materials, fire performance and structural integrity, and he launched the campaign that led to the formation of the UK's first confidential reporting system on structural safety.

Prior to becoming a journalist 27 years ago, Dave was a practising civil engineer for more than 25 years. He is also a former Visiting Professor of Civil Engineering at the Queen's University Belfast, a position he held for ten years.

In 2014 Dave was asked to return to *NCE* as technical editor emeritus.

Olympic Stadia: Their History, Their Design, Their Future by Geraint John and Dave Parker will be published in 2017 by Routledge.

Geraint John, architecte (UCL), membre de l'Institut royal des architectes britanniques (RIBA), de l'Association agréée pour la gestion du sport et de l'activité physique (CIMPSA) et de la *Royal Society of Arts* (RSA), est spécialisé dans les équipements sportifs et de loisirs. Ancien architecte en chef et responsable de l'unité technique pour le sport du Conseil des sports britanniques, il est considéré comme une référence dans le domaine des installations sportives. Geraint John est consultant auprès de Populous, cabinet d'architectes spécialisés dans la conception de sites sportifs, lauréats en 2014 du prix *International Practice of the Year* établi par le magazine *The Architects' Journal*.

Cette année-là, il s'est également vu décerner la médaille Pierre de Coubertin en hommage aux services qu'il a rendus au Mouvement olympique, comme l'a confirmé Thomas Bach, président du Comité International Olympique (CIO). Il est le seul citoyen britannique à avoir été honoré de cette distinction. L'année suivante, G. John figure parmi les premières personnalités honorées par l'Association internationale des équipements de sports et de loisirs (IAKS).

Professeur invité de l'université du Hertfordshire, de l'université du Bedfordshire et de l'université Camilo José Cela à Madrid, G. John est également membre du groupe consultatif du secteur des projets sportifs mondiaux (ministère britannique du Commerce et de l'Industrie/agence britannique de développement du commerce et des investissements). Il a siégé à la commission pour l'environnement de la candidature de Londres aux Jeux Olympiques de 2012 et occupe la fonction de président honoraire à vie du programme Sports et loisirs de l'Union internationale des architectes.

Dave Parker, ingénieur, membre de l'*Institution of Civil Engineers* (ICE). Rédacteur technique du *New Civil Engineer* (*NCE*) pendant 12 ans, D. Parker quitte le magazine en mai 2006 pour devenir journaliste indépendant et auteur. Dans le cadre de ses fonctions au *NCE*, D. Parker a voyagé un peu partout dans le monde, couvrant des sujets aussi variés que de violents séismes ou les derniers mégaprojets. Il s'est tout particulièrement intéressé aux matériaux de construction, à la résistance au feu et à l'intégrité des structures; il est également à l'origine de la campagne qui a conduit à la formation du premier système d'établissement de rapports confidentiels sur la sécurité structurale au Royaume-Uni.

Avant de se lancer dans le journalisme il y a de cela 27 ans, D. Parker a travaillé pendant plus de 25 ans dans le génie civil. Il a également enseigné le génie civil pendant 10 ans à la *Queen's University* de Belfast.

En 2014, il a été invité à revenir au *NCE* en tant que rédacteur technique émérite.

Olympic Stadia : Their History, Their Design, Their Future écrit par Geraint John et Dave Parker sera publié en 2017 aux éditions Routledge.

Claire Nicolas is a historian and research assistant at the University of Lausanne's Institute of Sports Sciences (Issul – www.unil.ch/issul). Most recent publications:

- Nicolas C., Riot T., Bancel N. (2015), 'Afrique 50: le cri anticolonialiste de René Vautier', *Décadrages*, nos 29–30, pp. 12–30

- Nicolas C., Riot T., Bancel N. (forthcoming), 'Ghana Young Pioneers': Youth, Body Culture and Geo-Symbolism of the Ghanaian Postcolonial State. *International Journal of African Historical Studies*, African Studies Center, Boston University

Nicolas Bancel is a historian and professor at the University of Lausanne and Director of its Institute of Sports Sciences (Issul). Most recent publications:

- Bancel N., Riot T., Frenkiel S. (2015), *Postcolonial Sports: International Perspectives*, The International Journal of the History of Sports, special issue, London/New York: Routledge

- Bancel N., David T., Thomas D. (2014), *The Invention of Race: Scientific and Popular Representations,* 'Studies in Cultural History' series, London/New York: Routledge

Pascal Viot is a lecturer and associate researcher at the urban sociology laboratory of the Swiss Federal Institute of Technology in Lausanne (EPFL), and a senior researcher at the University of Lausanne (Institute of Political and International Studies), where he has led collective research on the security of major events. He completed a PhD at the EPFL (in 2013) dealing with urbanism and security during major events (http://infoscience.epfl.ch/record/186847).

Active in event safety management since 1992, Viot has coordinated the health and safety procedures of many sporting (football), cultural (concerts, festivals) and business (conferences, exhibition) events on various scales, in Switzerland and Europe.

Claire Nicolas est historienne, assistante-diplômée à l'Université de Lausanne au sein de l'Institut des sciences du sport (Issul – www.unil.ch/issul). Derniers articles parus :

- Nicolas C., Riot T., Bancel N. (2015), « Afrique 50 le cri anticolonialiste de René Vautier », Décadrages, n° 29–30, pp. 12–30

- Nicolas C., Riot T., Bancel N. (à venir), 'Ghana Young Pioneers': Youth, Body Culture and Geo-Symbolism of the Ghanaian Postcolonial State. *International Journal of African Historical Studies*, African Studies Center, Université de Boston

Nicolas Bancel est historien, professeur à l'Université de Lausanne et directeur de l'Institut des sciences du sport de l'Université de Lausanne (Issul). Derniers ouvrages parus :

- Bancel N., Riot T., Frenkiel S. (2015), *Postcolonial Sports : International Perspectives*, The International Journal of the History of Sports, numéro spécial, London/New York : Routledge, 2015

- Bancel N., David T., Thomas D. (2014), *The Invention of Race: Scientific and Popular Representations,* coll. « Studies in Cultural History », London/New York : Routledge

Pascal Viot est chargé de cours et chercheur associé à l'École polytechnique fédérale de Lausanne (EPFL, Laboratoire de sociologie urbaine), et chercheur à l'Université de Lausanne (Institut d'études politiques et internationales), où il a dirigé une recherche collective sur la sécurité des grands événements. En 2013 il a obtenu un doctorat à l'EPFL traitant de l'urbanisme et de la sécurité lors de grands événements (http://infoscience.epfl.ch/record/186847).

Actif dans la gestion de la sécurité des événements depuis 1992, P. Viot a coordonné les procédures de santé et de sécurité de nombreuses manifestations sportives (football), culturelles (concerts, festivals) ou commerciales (conférences, expositions) à différentes échelles, en Suisse et en Europe.

Vincent Kaufmann is a professor of urban sociology and mobility analysis at the Swiss Federal Institute of Technology in Lausanne (EPFL) and director of its urban sociology laboratory, LaSUR (http://lasur.epfl.ch). Since 2011, he has also been Scientific Director of *Forum Vies Mobiles*, an SNCF research institute on eco-mobility. After obtaining a Master's in sociology at the University of Geneva, Kaufmann completed his PhD at the EPFL on the logics of actions that underlie the modal practices of transport. He was a guest researcher at the University of Lancaster (2000), the École des Ponts (2001–2) and the Université Catholique de Louvain (2006–16). His current work focuses on mobility and its links with the transformation of contemporary societies and their territories. He has published *Les paradoxes de la mobilité* (Presses Polytechniques et Universitaires Romandes, 2008), *Re-thinking the City* (Routledge, 2011) and *Tranches de vies mobiles*, with Emmanuel Ravalet and Stéphanie Vincent-Geslin (Loco, 2014).

Michelle Lemaître, as Head of Sustainability and Legacy at the International Olympic Committee, is responsible for leading the development and execution of a broad-based, strategic sustainability framework that integrates sustainability throughout the organisation, and ensuring that the IOC's sustainability effort enhances day-to-day performance and supports the long-term interests of the IOC and the Olympic Movement.

Tim Abrahams is an architecture journalist with 15 years' experience in magazines, video production and social media management.

Ben McCormick is a magazine and website journalist and editor with more than 20 years' experience in numerous sectors including culture, international business, travel, energy and transport in both the UK and France. He produces articles on a wide range of subjects for newspapers, magazines, journals and books.

Vincent Kaufmann est professeur de sociologie urbaine et d'analyse des mobilités à l'École polytechnique fédérale de Lausanne (EPFL) et directeur de son Laboratoire de sociologie urbaine – LaSUR (http://lasur.epfl.ch). Depuis 2011, il est en outre directeur scientifique du Forum Vies Mobiles, un institut de recherche SNCF sur l'écomobilité. Après un master en sociologie de l'Université de Genève, V. Kaufmann réalise son doctorat à l'EPFL sur les logiques d'actions qui sous-tendent les pratiques modales de transport. Il a été chercheur invité à l'Université de Lancaster (2000), à l'École des Ponts (2001-2002) et à l'Université catholique de Louvain (2006-2016). Ses travaux actuels portent sur la mobilité et ses liens avec la transformation des sociétés contemporaines et de leurs territoires. Il a notamment publié *Les paradoxes de la mobilité* aux Presses polytechniques et universitaires romandes (2008), *Re-thinking the City* chez Routledge (2011) et *Tranches de vies mobiles*, avec Emmanuel Ravalet et Stéphanie Vincent-Geslin, chez Loco (2014).

Michelle Lemaître, en sa qualité de responsable de la durabilité et de l'héritage au Comité International Olympique, est chargée de superviser l'élaboration et la mise en place d'un cadre stratégique général qui intègre la durabilité dans toute l'organisation et de s'assurer que les efforts du CIO à cet égard améliorent les résultats quotidiens et défendent les intérêts à long terme du CIO et du Mouvement olympique.

Tim Abrahams est un journaliste spécialiste de l'architecture qui contribue depuis une quinzaine d'années à des revues spécialisées, à la production de vidéos et aux médias sociaux.

Ben McCormick est journaliste et rédacteur contribuant depuis plus de 20 ans à des revues spécialisées et sites Web dans de nombreux secteurs tels que la culture, le commerce international, les voyages, l'énergie et les transports, à la fois au Royaume-Uni et en France. Il produit des articles sur un large éventail de sujets pour divers journaux, magazines, revues et livres.

London 2012

PHOTOGRAPHY CREDITS
CRÉDITS PHOTOGRAPHIQUES